## 编委会

名誉主任：谭　慧
主　　任：巴曙松

副　主　任：张建华　宋德勇　徐长生　姚　遂
委　　　员：（按姓氏笔画排序）
　　　　　　方齐云　王少平　巴曙松　刘海云　汪小勤
　　　　　　宋德勇　李佐军　张卫东　张建华　姚　遂
　　　　　　徐长生　崔金涛　戴则健

主　　编：张建华
执行主编：姚　遂
编委会秘书：黄　莉

# 中国式现代化下的经济高质量发展

第九届张培刚发展经济学优秀成果奖、第四&五届张培刚发展经济学青年学者奖颁奖典礼暨论坛文集

Chinese Path to Modernization and
High-Quality Economic Development

张培刚发展经济学研究基金会　组编

华中科技大学出版社
http://press.hust.edu.cn
中国·武汉

图书在版编目(CIP)数据

中国式现代化下的经济高质量发展:第九届张培刚发展经济学优秀成果奖、第四 & 五届张培刚发展经济学青年学者奖颁奖典礼暨论坛文集/张培刚发展经济学研究基金会组编. —武汉:华中科技大学出版社,2023.10
ISBN 978-7-5772-0046-0

Ⅰ.①中… Ⅱ.①张… Ⅲ.①中国经济-经济发展-文集 Ⅳ.①F124-53

中国国家版本馆 CIP 数据核字(2023)第 197167 号

**中国式现代化下的经济高质量发展**
——第九届张培刚发展经济学优秀成果奖、　　　　　张培刚发展经济学研究基金会
　第四 & 五届张培刚发展经济学青年学者奖　　　　　　　　　　　　　　　组编
　颁奖典礼暨论坛文集
Zhongguoshi Xiandaihua xia de Jingji Gaozhiliang Fazhan
——Di-jiu Jie Zhang Peigang Fazhan Jingjixue Youxiu Chengguo Jiang、Di-si & wu Jie Zhang Peigang Fazhan Jingjixue Qingnian Xuezhe Jiang Banjiang Dianli ji Luntan Wenji

| | |
|---|---|
| 策划编辑: | 陈培斌　周晓方 |
| 责任编辑: | 林珍珍 |
| 封面设计: | 原色设计 |
| 责任校对: | 唐梦琦 |
| 责任监印: | 周治超 |

出版发行:华中科技大学出版社(中国·武汉)　　电话:(027)81321913
　　　　　武汉市东湖新技术开发区华工科技园　　邮编:430223
录　　排:华中科技大学惠友文印中心
印　　刷:湖北新华印务有限公司
开　　本:710mm×1000mm　1/16
印　　张:14　插页:10
字　　数:225 千字
版　　次:2023 年 10 月第 1 版第 1 次印刷
定　　价:88.00 元

本书若有印装质量问题,请向出版社营销中心调换
全国免费服务热线:400-6679-118　竭诚为您服务
版权所有　侵权必究

Chinese Path to Modernization and
High-Quality Economic Development

## 第四届张培刚发展经济学青年学者奖颁奖典礼暨"后小康时代的中国经济发展"论坛

（2021年11月6日）

中国工程院院士、华中科技大学校长尤政（右一），湖北省政协副主席、民革中央常委、民革湖北省委会主委王红玲（左二），湖北省社会科学界联合会党组书记、常务副主席喻立平（左一）等领导出席颁奖典礼，与第四届张培刚青年学者奖获奖者合影

华中科技大学党委副书记谢正学主持颁奖典礼

中国工程院院士、华中科技大学校长尤政致辞

湖北省社会科学界联合会党组书记、常务副主席喻立平致辞

Chinese Path to Modernization and
High-Quality Economic Development

张培刚发展经济学研究基金会理事长、北京大学汇丰金融研究院执行院长、中国宏观经济学会副会长巴曙松致辞

张培刚发展经济学研究基金会副理事长、华中科技大学经济学院原院长徐长生宣读颁奖词

华中科技大学经济学院院长张建华致辞

第四届张培刚发展经济学青年学者奖颁奖典礼会场

Chinese Path to Modernization and
High-Quality Economic Development

"后小康时代的中国经济发展"论坛会场

平行论坛会场

中国式现代化下的经济高质量发展
——第九届张培刚发展经济学优秀成果奖、第四&五届张培刚发展经济学青年学者奖颁奖典礼暨论坛文集

参会代表合影

Chinese Path to Modernization and
High-Quality Economic Development

## 第四届张培刚发展经济学青年学者奖获奖者（排名不分先后）

刘瑞明
中国人民大学教授

刘志阔
复旦大学副教授

邵帅
上海财经大学研究员

## 第九届张培刚发展经济学优秀成果奖、第五届张培刚发展经济学青年学者奖颁奖典礼暨"中国式现代化新道路与经济高质量可持续发展"论坛

（2022年10月7日）

华中科技大学党委常委、副校长许晓东（左五），湖北省社会科学联合会主席、华中师范大学党委书记赵凌云（左六）等领导出席颁奖典礼，与获奖者代表合影

华中科技大学经济学院院长、张培刚发展研究院院长张建华主持颁奖典礼

华中科技大学党委常委、副校长许晓东致辞

张培刚发展经济学研究基金会理事长、北京大学汇丰金融研究院执行院长、中国宏观经济学会副会长巴曙松致辞

张培刚发展经济学研究基金会副理事长、华中科技大学经济学院原院长徐长生宣读颁奖词

部分领导、嘉宾与获奖者合影

第九届张培刚发展经济学优秀成果奖、第五届张培刚发展经济学青年学者奖颁奖典礼会场

"中国式现代化新道路与经济高质量可持续发展"论坛会场

中国式现代化下的经济高质量发展
——第九届张培刚发展经济学优秀成果奖、第四&五届张培刚发展经济学青年学者奖颁奖典礼暨论坛文集

## 第九届张培刚发展经济学优秀成果奖获奖者 / 获奖著作

**欧阳峣**

上海大学经济学院特聘教授，湖南师范大学大国经济研究中心主任

《大国发展道路：经验和理论》（北京大学出版社，2018年）

Chinese Path to Modernization and
High-Quality Economic Development

第九届张培刚发展经济学优秀成果奖获奖者（排名不分先后） 获奖论文

程名望
同济大学经济与管理学院副院长、教授

贾晓佳
上海财经大学财经研究所助理研究员

仇焕广
中国人民大学农业与农村发展学院院长、教授

《中国经济增长（1978-2015）：灵感还是汗水?》（《经济研究》，2019，（7）：30-46.）

何国俊
香港大学经管学院副教授

王绍达
芝加哥大学Harris公共政策学院助理教授

张炳
南京大学环境学院副院长、教授

**Watering Down Environmental Regulation in China**（*The Quarterly Journal of Economics*，135（2020）：2135-2185.）

中国式现代化下的经济高质量发展
——第九届张培刚发展经济学优秀成果奖、第四&五届张培刚发展经济学青年学者奖颁奖典礼暨论坛文集

倪红福

中国社会科学院经济研究所研究员

《中国出口技术含量动态变迁及国际比较》（《经济研究》，2017，（1）：44-57.）

杨子晖

中山大学高级金融学院副院长、教授

《金融市场与宏观经济的风险传染关系——基于混合频率的实证研究》（《中国社会科学》，2020，（12）：160-180.）

姚树洁

辽宁大学李安民经济研究院院长，重庆大学经济与工商管理学院特聘教授

张宗益

厦门大学校长、教授

*On Regional Inequality and Diverging Clubs: A Case Study of Contemporary China*
（*Journal of Comparative Economics*，2001，29(3)：466-484.）

Chinese Path to Modernization and
High-Quality Economic Development

## 第五届张培刚发展经济学青年学者奖获奖者（排名不分先后）

宋弘

复旦大学经济学院副教授

翁翕

北京大学光华管理学院教授

张川川

浙江大学经济学院研究员

# 前言

张培刚先生(1913—2011)是我国具有国际影响的老一辈经济学家,他为发展经济学的创立和发展做出了卓越的贡献。成立以张培刚先生命名的非公募基金会——张培刚发展经济学研究基金会,目的在于推动我国发展经济学的研究和传播,立足中国,面向世界,以严谨科学的态度,不断探索包括我国在内的发展中国家如何有效实现工业化和现代化的理论与政策。

张培刚发展经济学研究基金会的两项重要公益活动就是支持张培刚发展经济学优秀成果奖和张培刚发展经济学青年学者奖的评选与表彰工作。设立张培刚发展经济学优秀成果奖,旨在表彰为发展经济学及其相关研究做出突出贡献的学者,促进经济学研究繁荣,推动中国经济发展;设立张培刚发展经济学青年学者奖,旨在发现和表彰在发展经济学相关领域拥有扎实的学术研究成果并且具有较强科研潜力的中国青年经济学者,促进中国经济学学术进步,推动经济学学科建设,鼓励经济学青年人才的成长,提高中国经济研究水平。

张培刚发展经济学优秀成果奖的评选于2006年启动,每两年评选一次。何炼成、林毅夫、史晋川、谭崇台、吴敬琏、刘遵义、蔡昉、姚洋、帕金斯(美)、厉以宁、朱玲、魏尚进、李扬、黄群慧、洪银兴等学者先后荣获此奖。张培刚发展经济学青年学者奖的评选于2018年启动,每年评选一次。朝镛、王勇、陈斌开等青年学者先后荣获此奖。我们历次颁奖活动均获得了圆满的成功,产生了广泛的社会影响力。目前它们已经成为在我国社会科学界备受关注的重要奖项,在国际上的影响力也在不断增强。

第九届张培刚发展经济学优秀成果奖评奖结果已于2022年产生,欧阳峣,程名望、贾晓佳、仇焕广,何国俊、王绍达,张炳,倪红福,杨子晖、姚树洁、张宗益的六部作品获奖。第四&五届张培刚发展经济学青年学者奖评奖结果分别于2021、2022年产生,中国人民大学的刘瑞明、复旦大学的刘志阔和上海财经大学的邵帅获第四届张培刚发展经济学青年学者奖;复旦大学的宋弘、北京大学的翁翕和浙江大学的张川川获第五届张培刚发展经济学青年学者奖。

2021年11月6日,第四届张培刚发展经济学青年学者奖颁奖典礼在华中科技大学举行;2022年10月7日,第九届张培刚发展经济学优秀成果奖、第五届张培刚发展经济学青年学者奖颁奖典礼在华中科技大学隆重举行。这两次重要的学术活动均由华中科技大学主办,华中科技大学经济学院承办,张培刚发展经济学研究基金会支持。

在两次颁奖典礼同期,我们分别举办了"后小康时代的中国经济发展"和"中国式现代化新道路与经济高质量可持续发展"论坛。

根据惯例,我们将颁奖及论坛活动的有关情况汇编成集出版,书名定为《中国式现代化下的经济高质量发展——第九届张培刚发展经济学优秀成果奖、第四 & 五届张培刚发展经济学青年学者奖颁奖典礼暨论坛文集》。

本次活动得到了中央和省有关部委和领导的亲切关怀,得到了华中科技大学的大力支持,也得到了全国兄弟院校和广大学界同仁的支持。同时,本次活动还得到了包括校友在内的很多社会人士的鼎力相助,我们在此诚致谢意!

此外,在筹备活动、收集整理和出版本书的过程中,华中科技大学出版社领导和编辑、本书编委会各位成员以及华中科技大学经济学院的众多师生,特别是戴则健、徐长生、宋德勇、钱雪松、孔东民、崔金涛、姚遂、王彬、袁悦、郭宁、李鸿鹏、黄莉、黄韶慧、马文丽等同志,都付出了辛勤的劳动。我们也一并表示衷心的感谢!

华中科技大学经济学院院长

张培刚发展经济学研究基金会副理事长

张培刚发展研究院院长

2023 年 5 月

# 目录

**第一部分 概论** /1
 一 组织工作简介 /2
 二 评选公告 /5
 三 颁奖典礼暨论坛公告 /11
 四 获奖者及获奖作品简介 /15

**第二部分 第四届张培刚发展经济学青年学者奖颁奖典礼纪要** /29
 一 华中科技大学经济学科创建40周年庆典暨第四届张培刚发展经济青年学者奖颁奖典礼在华中科技大学隆重举行 /30
 二 中国工程院院士、华中科技大学校长尤政致辞 /33
 三 湖北省社会科学界联合会党组书记、常务副主席喻立平致辞 /35
 四 张培刚发展经济学研究基金会理事长、北京大学汇丰金融研究院执行院长、中国宏观经济学会副会长巴曙松致辞 /36
 五 张培刚发展经济学研究基金会副理事长、华中科技大学经济学院原院长徐长生宣读颁奖词 /40
 六 第四届张培刚发展经济学青年学者奖获奖者获奖感言 /42
 七 华中科技大学经济学院院长张建华致辞 /48

**第三部分 第九届张培刚发展经济学优秀成果奖、第五届张培刚发展经济学青年学者奖颁奖典礼纪要** /51
 一 第九届张培刚发展经济学优秀成果奖、第五届张培刚发展经济学青年学者奖颁奖典礼在华中科技大学隆重举行 /52
 二 华中科技大学党委常委、副校长许晓东致辞 /55
 三 张培刚发展经济学研究基金会理事长、北京大学汇丰金融研究院执行院长、中国宏观经济学会副会长巴曙松致辞 /57
 四 张培刚发展经济学研究基金会副理事长、华中科技大学经济学院原院长徐长生宣读颁奖词 /60
 五 第九届张培刚发展经济学优秀成果奖获奖者获奖感言 /63

六　第五届张培刚发展经济学青年学者奖获奖者获奖感言/71

**第四部分　"后小康时代的中国经济发展"论坛学术报告/75**

一　后小康时代我国新发展的机遇　姚树洁/76

二　创新驱动阶段的区域经济发展——技术发现假说与检验　郑江淮/84

三　竞争中性原则的形成与发展趋势　巴曙松/90

四　税制改革、营商环境与市场活力　刘志阔/102

五　资源产业依赖与绿色低碳转型发展　邵　帅/107

六　进口竞争与企业污染排放　李小平/117

七　地方政府财政压力和企业污染排放　孔东民/121

**第五部分　"中国式现代化新道路与经济高质量可持续发展"论坛学术报告/127**

一　创新是经济高质量发展的第一动力　张燕生/128

二　金融市场推动ESG可持续发展　巴曙松/134

三　以数字化转型助力高质量发展　艾春荣/144

四　高校在构建新发展格局中的历史使命　赵凌云/148

五　农村现代化与乡村振兴战略　郭熙保/152

六　中国式现代化进程中的农业农村发展　沈坤荣/157

七　多重政策目标与地方政府行为　方　颖/162

八　乡村振兴与中国式现代化新道路的探索　张建华/168

九　多极雁行格局与全球价值链重构　欧阳峣/175

十　基于当代中国区域不平等及发散俱乐部的研究　姚树洁/181

十一　中国经济增长：事实、逻辑与未来　程名望/188

十二　教育扶贫与人力资本积累　宋　弘/194

十三　理论结合实际，在世界学术舞台讲好中国故事　翁　翕/202

十四　医疗保险中的道德风险　张川川/207

**第六部分　媒体报道/213**

一　参与颁奖典礼、论坛的主要新闻媒体单位/214

二　关于颁奖典礼、论坛校外媒体报道的汇总/215

# 第一部分 概论

# 一
# 组织工作简介

## （一）第九届张培刚发展经济学优秀成果奖评奖组织工作简介

### 1. 参评作品的申报和征集

张培刚发展经济学研究基金会于2022年1月在《经济研究》、中国高校人文社会科学信息网、张培刚发展经济学研究基金会网、张培刚发展研究院网和华中科技大学经济学院网发布了第九届张培刚发展经济学优秀成果奖评奖公告。同时，通过直接发函向高校、重点科研机构、学术刊物、研究团体等，发出优秀成果征集通知，征集参评作品。

### 2. 组织评审

截至2022年5月31日，张培刚发展经济学研究基金会收到申请者参评作品（包括论文及专著）共71篇。6月24日至7月12日，张培刚发展经济学研究基金会委托部分学术委员对参评作品进行了条件审查和初评，分别推荐5部著作和14篇论文进入终评。

2022年7月30日，张培刚发展经济学研究基金会组织召开了第九届张培刚发展经济学优秀成果奖评审会。评审委员会委员由发展经济学和相关领域的著名专家、学者以及张培刚发展经济学研究基金会学术委员会部分委员组成。评审委员会委员来自中国社会科学院、国务院发展研究中心、《经济研究》杂志社、北京大学、中国人民大学、浙江大学、南开大学、复旦大学、南京大学、厦门大学、武汉大学、东北财经大学、香港中文大学、华中科技大学等国内著名科研机构和高等院校。评审委员会经过认真评议和民主投票，评选出6篇获奖论著。

### 3. 公示

2022年8月1日，张培刚发展经济学研究基金会将最终评审结果在张培刚发展经济学研究基金会网公示。

公示期为30天,在公示期间无异议,根据评奖条例,评审结果有效。

4. 颁奖

张培刚发展经济学研究基金会决定于2022年10月7日在武汉华中科技大学举行第九届张培刚发展经济学优秀成果奖颁奖典礼,同时举行"中国式现代化新道路与经济高质量可持续发展"论坛。

**(二)第四届张培刚发展经济学青年学者奖评奖组织工作简介**

1. 参评作品的申报和征集

张培刚发展经济学研究基金会于2021年1月在《经济研究》、中国高校人文社会科学信息网、张培刚发展经济学研究基金会网、张培刚发展研究院网、华中科技大学经济学院网发布了第四届张培刚发展经济学青年学者奖评奖公告。

2. 组织评审

截至2021年5月31日,张培刚发展经济学研究基金会收到申请者参评材料共31份。6月10日至7月7日,张培刚发展经济学研究基金会委托部分学术委员对申请者参评材料进行了条件审查和初评,推荐10名申请者进入终评。

2021年7月31日,张培刚发展经济学研究基金会组织召开了第四届张培刚发展经济学青年学者奖评审会。评审委员会委员来自中国社会科学院、中国国际经济交流中心、国务院发展研究中心、《经济研究》杂志社、北京大学、中国人民大学、复旦大学、浙江大学、南京大学、厦门大学、南开大学、武汉大学、华中科技大学、西安交通大学、东北财经大学等国内著名科研机构和高等院校。评审委员会经过认真评议和民主投票,评选出3名获奖者。

3. 公示

2021年9月1日,张培刚发展经济学研究基金会将最终评审结果在张培刚发展经济学研究基金会网公示。

公示期为30天,在公示期间无异议,根据评奖条例,评审结果有效。

4. 颁奖

张培刚发展经济学研究基金会决定于2021年11月6日在武汉华中科技大学举行第四届张培刚发展经济学青年学者奖颁奖典礼,同时举行"后小康时代的中国经济发展"论坛。

## (三) 第五届张培刚发展经济学青年学者奖评奖组织工作简介

1. 参评作品的申报和征集

张培刚发展经济学研究基金会于2022年1月在《经济研究》、中国高校人文社会科学信息网、张培刚发展经济学研究基金会网、张培刚发展研究院网和华中科技大学经济学院网发布了第五届张培刚发展经济学青年学者奖评奖公告。同时,通过直接向高校、重点科研机构、学术刊物、研究团体等的专家学者发出青年学者奖推荐函,邀请他们推荐参评者。

2. 组织评审

截至2022年5月31日,张培刚发展经济学研究基金会收到申请者参评材料共24份。6月24日至7月12日,张培刚发展经济学研究基金会委托部分学术委员对申请者参评材料进行了条件审查和初评,推荐8名申请者进入终评。

2022年7月30日,张培刚发展经济学研究基金会组织召开了第五届张培刚发展经济学青年学者奖评审会。评审委员会委员由发展经济学和相关领域的著名专家、学者以及张培刚发展经济学研究基金会学术委员会部分委员组成。评审委员会委员来自中国社会科学院、国务院发展研究中心、《经济研究》杂志社、北京大学、中国人民大学、浙江大学、南开大学、复旦大学、南京大学、厦门大学、武汉大学、东北财经大学、香港中文大学、华中科技大学等国内著名科研机构和高等院校。评审委员会经过认真评议和民主投票,评选出3名获奖者。

3. 公示

2022年8月1日,张培刚发展经济学研究基金会将最终评审结果在张培刚发展经济学研究基金会网公示。

公示期为30天,在公示期间无异议,根据评奖条例,评审结果有效。

4. 颁奖

张培刚发展经济学研究基金会决定于2022年10月7日在武汉华中科技大学举行第五届张培刚发展经济学青年学者奖颁奖典礼,同时举行"中国式现代化新道路与经济高质量可持续发展"论坛。

# 二 评选公告

## （一）第九届张培刚发展经济学优秀成果奖评选公告

张培刚发展经济学优秀成果奖是根据张培刚发展经济学研究基金会的宗旨，为推动发展经济学理论创新和中国经济实现高质量发展而设立的，包括张培刚发展经济学优秀著作奖、张培刚发展经济学优秀论文奖。

张培刚发展经济学优秀成果奖每两年评选一次。评选工作不向参评者收取任何费用。

根据《张培刚发展经济学研究优秀成果奖评奖条例》规定，第九届张培刚发展经济学优秀成果奖评选工作于2022年1月启动。

1. 评选对象

张培刚发展经济学优秀成果奖面向海内外的发展经济学理论研究成果及发展经济学在发展中国家或地区应用的研究成果。参评成果选题须立足学科前沿，具有重要的理论和现实意义；提出新的研究方法和独到见解，并做出突出贡献；能够反映发展经济学的最新进展，填补发展经济学的研究空白，在本学科领域处于国内领先水平，或接近乃至达到国际先进水平。

参评成果包括已公开出版的学术专著和专业论文。本届参评成果，原则上要求在2016年1月至2021年12月期间公开出版（有特殊学术贡献的成果，可不受此期间限制）。

2. 评奖委员会

张培刚发展经济学优秀成果奖评奖委员会由张培刚发展经济学研究基金会聘请国内重点学术研究机构、高等院校、学术刊物编辑部和学术团体的专家、学者组成。

张培刚发展经济学研究基金会同时设立评奖委员会办公室，负责评奖工作的具体事务。

3. 奖励标准

本届各奖项共不超过 6 项。优秀著作奖每部奖金 50 万元人民币（税前），优秀论文奖每篇奖金 10 万元人民币（税前），并颁发获奖证书。

4. 评奖流程

（1）初审：评奖委员会办公室对参评材料进行程序性审查。

（2）初评：由评奖委员会委托成立初评委员会，对参评材料进行评审，确定进入终评的成果名单。

（3）终评：由评奖委员会委托成立终评委员会，对进入终评的参评材料进行评审，确定获奖名单。

（4）公示及批准：获奖名单由评奖委员会在张培刚发展经济学研究基金会网站进行为期 30 天的公示，公示期内无异议，评奖委员会将批准最终获奖名单，并在张培刚发展经济学研究基金会网站发布获奖公告。

（5）颁奖：张培刚发展经济学研究基金会举行颁奖典礼，为获奖者颁发证书与奖金，并同期举行学术论坛。

5. 参评材料

申报者请于 2022 年 5 月 31 日之前报送下列参评材料的电子文档。

（1）张培刚发展经济学优秀成果奖申报表（DOC 格式，可使用电子签名），申报表请见张培刚发展经济学研究基金会网站 http://pkcjjh.hust.edu.cn/首页"下载专区"。

（2）参评成果（PDF 格式）。

（3）作者个人简历及近期代表性研究成果（PDF 格式）。

（4）能证明作品学术或社会影响力的材料（PDF 格式）。

申报者可以是参评成果作者本人，也可以是同行专家或作者的所在单位。其中，（成果出版时）非高级职称作者的成果的申报，须附两位具有高级职称的专家的推荐意见（PDF 格式）。

所有申报材料的电子版文件请放入同一文件夹（文件夹名称格式："申报者姓名＋申报第九届张培刚发展经济学优秀成果奖"），经压缩后发送至 hustjy506@163.com。不需要邮寄纸质资料。

联系人：黄莉老师

联系电话：(027)87542253

电子信箱:hustjy506@163.com

张培刚发展经济学研究基金会<br>
2022 年 1 月

## (二) 第四届张培刚发展经济学青年学者奖评选公告

为促进中国经济学学术进步,推动经济学学科建设,鼓励经济学青年人才的成长,提高中国经济学研究水平,张培刚发展经济学研究基金会特设立张培刚发展经济学青年学者奖奖励计划。

张培刚发展经济学青年学者奖每年评选一次,坚持公开、公平、公正的原则,重在发现和表彰在发展经济学及相关领域拥有创新性学术研究成果并且具有较强的科研潜力的中国青年经济学者。本奖评选不收取任何费用。

根据《张培刚发展经济学青年学者奖评奖条例》规定,第四届张培刚发展经济学青年学者奖评选工作于 2021 年 1 月启动。

1. 评选对象

本届评选对象主要为中国大陆地区、港澳台地区以及世界其他国家和地区的高等学校、科研院所及相关研究机构工作的中国籍青年经济学者。

评选对象要求:①年龄在 40 岁及以下(1981 年 6 月 30 日及以后出生);②在发展经济学及相关领域已取得了较为丰硕的研究成果(含论文、专著),具有较强的科研潜力,有较为突出的学术影响力。

2. 评奖委员会

张培刚发展经济学青年学者奖评奖委员会由张培刚发展经济学研究基金会聘请国内重点学术研究机构、高等院校、学术刊物编辑部和学术团体的专家、学者组成。

张培刚发展经济学研究基金会同时设立评奖委员会办公室,负责评奖工作的具体事务。

3. 奖励标准

张培刚发展经济学青年学者奖的奖励标准为:获奖者不超过 3 人,每人奖金 7 万元人民币(税前)。

4. 评奖流程

（1）初审：评奖委员会办公室对参评材料进行程序性审查。

（2）初评：由评奖委员会委托成立初评委员会，对参评材料进行评审，确定进入终评的候选者名单。

（3）终评：由评奖委员会委托成立终评委员会，对候选者参评材料进行评审，确定获奖者名单。

（4）公示及批准：获奖者名单由评奖委员会在张培刚发展经济学研究基金会网站进行为期30天的公示，公示期内无异议，评奖委员会将批准最终获奖者名单，并在张培刚发展经济学研究基金会网站发布获奖公告。

（5）颁奖：张培刚发展经济学研究基金会举行颁奖典礼，为获奖者颁发证书与奖金。

5. 参评材料

拟申请的学者请于2021年5月31日之前报送下列参评材料：①申报表（DOC格式，签名可使用电子签名）；②代表性成果清单（与申报表填写顺序一致）及作品（PDF格式）；③两份及以上由同行专家（具有正高职称）所写的推荐信（PDF格式）。

申报表及推荐信电子版请见张培刚发展经济学研究基金会网站http://pkcjjh.hust.edu.cn/首页"下载专区"。

所有申报材料的电子文档请放入文件夹（文件夹名称格式：申报者姓名＋申报第四届张培刚发展经济学青年学者奖），压缩发送至zpgqnxzj@163.com。不需要邮寄纸质资料。

联系人：黄老师

电话：(027)87542253

电子邮箱：zpgqnxzj@163.com

张培刚发展经济学研究基金会

2021年1月

## （三）第五届张培刚发展经济学青年学者奖评选公告

为促进中国经济学学术进步，推动经济学学科建设，鼓励经济学青年人才成长,提高中国经济学研究水平,张培刚发展经济学研究基金会特设立张培刚发展经济学青年学者奖奖励计划。

张培刚发展经济学青年学者奖每年评选一次,坚持公开、公平、公正的原则,重在发现和表彰在发展经济学及相关领域拥有创新性的学术研究成果并且具有较强科研潜力的中国青年经济学者。本奖评选不收取任何费用。

根据《张培刚发展经济学青年学者奖评奖条例》的规定,第五届张培刚发展经济学青年学者奖评选工作于2022年1月启动。

1. 评选对象

本届评选对象主要为中国大陆地区、港澳台地区以及世界其他国家和地区的高等学校、科研院所及相关研究机构工作的中国籍青年经济学者。

评选对象要求:①年龄在40岁及以下(1982年6月30日及以后出生);②在发展经济学及相关领域已取得了较为丰硕的研究成果(含论文、专著),具有较强科研潜力,有较为突出的学术影响力。

2. 评奖委员会

张培刚发展经济学青年学者奖评奖委员会由张培刚发展经济学研究基金会聘请国内重点学术研究机构、高等院校、学术刊物编辑部和学术团体的专家、学者组成。

张培刚发展经济学研究基金会同时设立评奖委员会办公室,负责评奖工作的具体事务。

3. 奖励标准

张培刚发展经济学青年学者奖的奖励标准为:获奖者不超过3人,每人奖金7万元人民币(税前)。

4. 评奖流程

(1) 初审:评奖委员会办公室对参评材料进行程序性审查。

(2) 初评:由评奖委员会委托成立初评委员会,对参评材料进行评审,确定进入终评的候选者名单。

(3) 终评:由评奖委员会委托成立终评委员会,对候选者参评材料进行评审,确定获奖者名单。

(4) 公示及批准:获奖者名单由评奖委员会在张培刚发展经济学研究基金会网站进行为期30天的公示,公示期内无异议,评奖委员会将批准最终获奖者名单,并在张培刚发展经济学研究基金会网站发布获奖公告。

(5) 颁奖:张培刚发展经济学研究基金会举行颁奖典礼,为获奖者颁发证书与奖金,并同期举行学术论坛。

5. 参评材料

拟申请的学者请于 2022 年 5 月 31 日之前报送下列参评材料:①申报表(DOC 格式,签名可使用电子签名);②代表性成果清单(与申报表填写顺序一致)及作品(PDF 格式);③两份及以上由同行专家(具有正高职称)所写的推荐信(PDF 格式)。

申报表及推荐信电子版请见张培刚发展经济学研究基金会网站 http://pkcjjh.hust.edu.cn/首页"下载专区"。

所有申报材料的电子文档请放入文件夹(文件夹名称格式:申报者姓名+申报第五届张培刚发展经济学青年学者奖),压缩发送至 zpgqnxzj@163.com。不需要邮寄纸质资料。

联系人:黄韶慧老师

电话:(027)87542253

邮箱:zpgqnxzj@163.com

张培刚发展经济学研究基金会

2022 年 1 月

## 三
## 颁奖典礼暨论坛公告

**(一)第九届张培刚发展经济学优秀成果奖、第五届张培刚发展经济学青年学者奖颁奖典礼暨"中国式现代化新道路与经济高质量可持续发展"论坛公告**

第九届张培刚发展经济学优秀成果奖、第五届张培刚发展经济学青年学者奖结果现已产生。特公告如下。

第九届张培刚发展经济学优秀成果奖获奖作品名单(按获奖作品第一作者姓氏拼音排序)如下。

**第九届张培刚发展经济学优秀成果奖获奖著作名单**

| 作　者 | 著作名称 | 出　版　社 | 出版时间 |
|---|---|---|---|
| 欧阳峣 等 | 大国发展道路:经验和理论 | 北京大学出版社 | 2018年3月 |

**第九届张培刚发展经济学优秀成果奖获奖论文名单**

| 作　者 | 论文名称 | 发表刊物 | 发表刊次 |
|---|---|---|---|
| 程名望、贾晓佳、仇焕广 | 中国经济增长(1978—2015):灵感还是汗水? | 经济研究 | 2019年第7期 |
| 何国俊、王绍达、张　炳 | *Watering Down Environmental Regulation in China* | *The Quarterly Journal of Economics* | 2020年第135卷第4期 |
| 倪红福 | 中国出口技术含量动态变迁及国际比较 | 经济研究 | 2017年第1期 |

续表

| 作　者 | 论文名称 | 发表刊物 | 发表刊次 |
| --- | --- | --- | --- |
| 杨子晖 | 金融市场与宏观经济的风险传染关系——基于混合频率的实证研究 | 中国社会科学 | 2020年第12期 |
| 姚树洁、张宗益 | On Regional Inequality and Diverging Clubs: A Case Study of Contemporary China | Journal of Comparative Economics | 2001年第29卷第3期 |

第五届张培刚发展经济学青年学者奖获奖者名单(按获奖者姓氏拼音排序)如下。

| 获奖者 | 工作单位 |
| --- | --- |
| 宋　弘 | 复旦大学 |
| 翁　翕 | 北京大学 |
| 张川川 | 浙江大学 |

颁奖典礼将于2022年10月7日在华中科技大学隆重举行,同期还将举办"中国式现代化新道路与经济高质量可持续发展"论坛。

中国式现代化是习近平新时代中国特色社会主义思想的主体内容,是中国共产党在持续探索中形成的关于中国经济发展的核心认知。习总书记在党的十九届五中全会第二次全体会议的重要讲话中,对中国式现代化做了精辟总结:我们所推进的现代化,既有各国现代化的共同特征,更有基于国情的中国特色。我国现代化是人口规模巨大的现代化,是全体人民共同富裕的现代化,是物质文明和精神文明相协调的现代化,是人与自然和谐共生的现代化,是走和平发展道路的现代化。

而中国式现代化新道路,又与构建新发展格局紧密相关。习总书记也深刻指出,构建新发展格局是事关全局的系统性、深层次变革,是立足当前、着眼长远的战略谋划,是适应我国发展新阶段要求、塑造国际合作和竞争新优势的必然选择。深入研究中国式现代化新道路与构建新发展格局中的重大理论和实践问题,是中国经济学界的时代使命和职责。

为此,论坛将围绕"中国式现代化新道路"这一核心命题,紧扣构建新发展格局这一中心环节,聚焦"共同富裕、绿色发展和高质量可持续发展"三大关键领域进行讨论和交流,以期产生一批高水平的研究成果和政策建议。

本次论坛由华中科技大学经济学院主办,张培刚发展经济学研究基金会支持。今年恰逢华中科技大学建校70周年。在过去70年中,学校"与共和国同行,与新时代共进",在科学研究、人才培养和社会服务上取得了突出的成绩,学校正在向创建具有中国特色的世界一流大学的目标坚定前行。举办此次高层次论坛,正是华中科技大学建校70周年系列庆祝活动之一。

欢迎各位专家学者参会,参会者交通费和住宿费自理。

此次活动的具体进展情况可见张培刚发展经济学研究基金会网站:http://pkcjjh.hust.edu.cn/;华中科技大学经济学院网站 http://eco.hust.edu.cn/;华中科技大学张培刚发展研究院网站 http://cids.hust.edu.cn。

联系人:黄老师
电话:18064006390
邮箱:hustjy506@163.com

张培刚发展经济学研究基金会<br>
2022 年 9 月

## (二)第四届张培刚发展经济学青年学者奖颁奖典礼暨"后小康时代的中国经济发展"论坛公告

第四届张培刚发展经济学青年学者奖结果现已产生。特公告如下。

第四届张培刚发展经济学青年学者奖获奖者名单(按获奖者姓氏拼音排序)如下。

| 获 奖 者 | 工 作 单 位 |
| --- | --- |
| 刘瑞明 | 中国人民大学 |
| 刘志阔 | 复旦大学 |
| 邵帅 | 上海财经大学 |

第四届张培刚发展经济学青年学者奖颁奖典礼将于 2021 年 11 月 6 日在华中科技大学举行,并同时举办题为"后小康时代的中国经济发展"的论坛。

今年正值建党百年大庆。在百年庆典上，总书记庄严宣告：经过全党全国各族人民持续奋斗，我们实现了第一个百年奋斗目标，在中华大地上全面建成了小康社会，历史性地解决了绝对贫困问题，正在意气风发向着全面建成社会主义现代化强国的第二个百年奋斗目标迈进。

总书记的庄严宣告，标志着中国经济进入了后小康时代的新发展阶段。后小康时代的中国经济，将致力于数字化、绿色化、均衡化发展，以创新驱动，加快推进经济结构优化、碳达峰碳中和进程，实现高质量发展，并最终迈向共同富裕。

论坛将围绕"后小康时代的中国经济发展"这一核心命题，紧扣"数字化、绿色化、均衡化发展"三大关键领域，聚焦中国经济高质量发展中的重大问题和重点领域，进行讨论和交流，以期产生一批高质量的研究成果和政策建议。

本次论坛由华中科技大学经济学院承办，张培刚发展经济学研究基金会支持。今年恰逢华中科技大学经济学科创建 40 周年。在过去 40 年中，学科紧紧围绕国家经济发展的重大关切，在发展经济学、数量经济学等学科建设上取得了重要进展，形成了独特的风格，不仅为国家输送了大批高质量的人才，也通过自己的智力成果有效支撑了国家的"中部地区崛起"重大发展战略决策。"贡献专业智慧，服务中国发展"是华中科技大学经济学人的不懈追求。举办此次高水平论坛，正是华中科技大学经济学科创建 40 周年系列庆祝活动之一。

欢迎各位专家学者参会，参会者交通费和住宿费自理。

此次活动的具体进展情况可见张培刚发展经济学研究基金会网站：http://pkcjjh.hust.edu.cn/；华中科技大学经济学院网站 http://eco.hust.edu.cn/；华中科技大学张培刚发展研究院网站 http://cids.hust.edu.cn。

联系人：黄老师

电话：027-87542253

电子信箱：hustjy506@163.com

华中科技大学经济学院

**张培刚发展经济学研究基金会**
**2021 年 9 月**

## 四
## 获奖者及获奖作品简介

### （一）第九届张培刚发展经济学优秀成果奖获奖者及获奖作品简介

1. 欧阳峣等：《大国发展道路：经验和理论》

欧阳峣，经济学博士，教授、博士生导师，国家级人才称号获得者，全国文化名家，上海大学经济学院特聘教授，湖南师范大学大国经济研究中心主任，牛津大学技术与管理发展研究中心研究员。担任第19届国际熊彼特学会（ISS）主席。曾获中国高等学校人文社会科学研究优秀成果奖一等奖、湖南省哲学社会科学优秀成果奖一等奖、安子介国际贸易研究奖和世界政治经济学杰出成果奖等奖励。主要研究方向为发展经济学、世界经济和中国经济史。

本次获奖著作为《大国发展道路：经验和理论》（北京大学出版社，2018年）。该书在科学界定发展中大国概念，系统分析发达大国经济发展经验和发展中大国发展优势的基础上，深入探究了内需为主的增长型式、内需驱动的出口型式、基础设施建设的型式和公共产品供给的型式，深入探索了发展中大国经济转型的路径，尤其是发展中大国的创新战略，并对中国和印度的发展道路进行比较分析，揭示了大国发展的一般规律和发展趋势，探索了中国发展模式的世界意义。

本书的主要贡献在于以下几点：①系统地研究发展中大国经济发展问题，总结发展优势、发展型式和转型道路，丰富和发展了发展经济学理论；②深入剖析发展中大国超大规模市场优势，聚焦于内需为主的大国经济增长型式和基于国内需求的大国开放战略，为中央提出"以国内大循环为主体、国内国际双循环相互促进的新发展格局"提供了理论解读；③通过深入探索发展中大国从模仿创新走向自主创新的路径,并对比中国和印度的发展道路,为发展中大国实现从经济大国走向经济强国的发展目标提供了有益的借鉴。

2. 程名望、贾晓佳、仇焕广:《中国经济增长(1978—2015):灵感还是汗水?》

程名望,管理学博士,教授、博士生导师,国家级人才称号获得者,同济大学经济与管理学院副院长,公共管理系系主任。曾获教育部高等学校科学研究优秀成果奖(人文社会科学)一等奖、二等奖各1项,上海市哲学社会科学优秀成果奖一等奖、二等奖、三等奖各2项,及上海市优秀博士论文和中国农村发展研究奖(杜润生奖)等奖励。主要研究方向为发展经济学,致力于从资源配置和公共政策视角解释经济增长和社会公平问题。

贾晓佳,经济学博士,助理研究员,上海财经大学财经研究所助理研究员。曾获同济大学优秀博士论文、PwC3535金融论坛最佳论文提名奖和上海市第十五届哲学社会科学优秀成果二等奖等奖励。主要研究方向为劳动力流动与区域经济增长。

仇焕广,理学博士,教授、博士生导师,国家级人才称号获得者,中国人民大学农业与农村发展学院院长。担任中国农业经济学会副秘书长兼青年委员会副主任/秘书长、中国农业技术经济学会副秘书长兼青年学者委员会主任和北京农业经济学会副会长兼秘书长。曾获农业部软科学优秀研究成果一等奖和国家自然科学基金委首批优秀青年科学基金资助等奖励。主要研究方向为农业经济政策、农业资源与环境政策、农村发展。

本次获奖论文为《中国经济增长(1978—2015):灵感还是汗水?》(《经济研究》,2019(7):30-46)。论文基于空间计量模型和增长核算法,测算了市场潜能、资本、劳动力和全要素生产率对中国经济增长的贡献率。其研究发现:1978年以来中国创造的"增长奇迹"是高投入增长和高效率增长共同作用的结果,依赖于"汗水"与"灵感"的双轮驱动,且越来越依赖于"灵感"。论文还进一步指出,由于中国经济发展中促进"灵感"的相关因素在不断增强和改善,因此,中国经济增长将是可持续的。

论文的主要贡献在于以下几点:①研究并提出"汗水"和"灵感"双轮驱动的中国经验和中国模式,对中国经济增长的内在动因这一重大问题进行了新解读;②基于空间相关性分析,提出"内生经济增长依赖于市场化水平"的新观点,对市场化做出新的系统分析,论证了市场化改革对中国经济增长的重要作用;③通过把新经济地理学和空间计量引入经济增长范畴,构造"市场潜能"新的测算方法,使得回归结果更加科学和精确。

3. 何国俊、王绍达、张炳:*Watering Down Environmental Regulation in China*

何国俊,经济学博士,副教授,香港大学经管学院经济学、管理与商业策略副教授。兼任芝加哥大学能源政策研究所中国中心(EPIC-China)研究主任,担任环境经济学领域著名期刊 *Journal of Environmental Economics and Management* 的共同主编、*China Economic Review* 的共同主编,若干国际环境经济学期刊的编委会成员,亚洲开发银行、中国金融研究院等机构的特别顾问。曾先后任职于哈佛大学、香港科技大学。主要研究方向为环境经济学与发展经济学。

王绍达,经济学博士,助理教授,芝加哥大学哈里斯公共政策学院助理教授。担任美国国家经济研究局(NBER)研究员。曾任职于芝加哥大学经济系。主要研究方向为政治经济学、发展经济学、环境经济学,尤其关注中国各类公共政策制定与执行背后的政治经济学机制。

张炳,理学博士,教授、博士生导师,国家级人才称号获得者,南京大学环境学院副院长,南京大学-江苏省环境保护厅环境管理与政策研究中心主任,中国环境科学学会环境经济学分会副主任委员。担任 *Environmental & Resource Economics* 和 *Environmental Management* 杂志副主编。参与我国排污许可证、排污交易、环境信息公开等政策的制定,曾获环境保护科学技术奖一等奖、美国政治科学协会 Evan Ringquist 最佳论文奖等奖励。主要研究方向为环境管理与政策分析、环境经济学。

本次获奖论文为 *Watering Down Environmental Regulation in China*(*The Quarterly Journal of Economics*,2020(4):2135 2185)。论文通过水质监测站上下游企业面临的环境监管的差异这一"断点",深入分析了水质监测对全要素生产率的影响,揭示了分散执行和政治激励下地方政府的策略性行为以及环境治理的经济成本,为环境政策目标的设计与制定提供科学支撑。

论文的主要贡献在于以下几点:①提供了第一个来自发展中国家的关于环境监管经济成本的实证证据,关于水环境监管对企业生产率影响的因果证据的研究,弥补了长期以来环境监管领域数据和识别困难造成的研究空白;②对水环境监管的研究,揭示了地方政府在执行中央政策时可能采取的策略性行为对政策效果所产生的"打折扣"效应,从环境监管的角度丰富了现有的央地关系研究;③所得出的有关环境治理的经济成本的相关分析,可以为环境政策目标的设计与制定提供科学支撑,研究结论对现实具有很强的借鉴意义。

4. 倪红福:《中国出口技术含量动态变迁及国际比较》

倪红福,经济学博士,研究员、博士生导师,国家级人才称号获得者,中国社会科学院经济研究所研究员,中国社会科学院大学教授,《经济研究》编辑部副主任,兼任中国投入产出学会第十一届理事会常务理事。研究成果多次得到省部级以上领导正面批示和重视,曾获中国社会科学院优秀对策信息对策研究类特等奖、中国社会科学院青年经济学优秀论文一等奖、中国社会科学院"青年学习标兵"、中国社会科学出版社·经济研究所青年经济学者优秀论文奖等奖励。主要研究方向为全球价值链理论及其应用、宏观经济和数量经济。

本次获奖论文为《中国出口技术含量动态变迁及国际比较》(《经济研究》,2017(1):44-57)。论文通过构建基于生产工序的技术含量测度新方法,运用全球投入产出数据测算了中国及其他主要国家的出口技术含量水平及结构,还进一步分析了我国各行业技术水平发展的趋势及出口部门技术含量在世界所处位次,为揭示近些年我国出口行业发展特征、进一步提升出口行业的发展水平,打下了坚实基础。论文为我国对外贸易的发展方向和目标提供了有益的理论借鉴。

论文的主要贡献在于以下几点:①克服了传统出口技术水平和结构测度方法的主要缺陷,构建了测算技术含量的新方法;②将各产业的国内技术含量水平从整体技术含量水平中剥离出来进行重点讨论,发现尽管我国第二产业的技术含量水平相对较高,但其国内技术含量指数值最低,从而得出了我国第二产业主要是通过切入低端的组装和加工环节而融入国际生产分工体系这一结论,这一研究视角具有较强的创新性,有助于人们在全球价值链背景下探讨出口技术含量的含金量;③以翔实的量化分析为基础,研究发现我国各部门的技术发展水平仍然与发达国家存在较大差距,发展任务任重而道远,这对于我们正确认识中国技术发展水平和相关政策制定有重要的参考价值。

5. 杨子晖:《金融市场与宏观经济的风险传染关系——基于混合频率的实证研究》

杨子晖,经济学博士,教授、博士生导师,国家级人才称号获得者,国家社会科学基金重大项目首席专家,全国百篇优秀博士学位论文获得者,教育部新世纪优秀人才,广东省高等学校"青年珠江学者"。兼任中国金融学会理事、广东省本科高校金融学教学指导委员会副主任、广东金融学会专家委员会副主任兼秘书长。曾获教育部第八届高等学校科学研究优秀成果奖(人文社会科学)一等奖、《中国社会科学》2020年度(首届)好文章、刘诗白经济学奖(第四届、第五届)、广东省第九届哲学社会科学优秀成果特等奖、广东省第八届哲学社会科学优秀成果一等奖和第九届金融图书金羊奖等奖项。自2020年以来,共20多项研究报告获得重要领导批示,并被重要部门采纳。主要研究方向为系统性金融风险、重大金融风险防范等。

本次获奖论文为《金融市场与宏观经济的风险传染关系——基于混合频率的实证研究》(《中国社会科学》,2020(12):160-180)。论文对中国金融市场与宏观经济间的风险传染关系展开研究,并进一步基于因子增广向量自回归模型克服"维度诅咒"问题,实证检验金融风险对宏观部门信息集的具体影响,刻画金融风险对不同经济部门的冲击力度与传导机制,深化了人们对复杂条件下风险的表现和传导机理的认识。论文的相关研究结论对当前宏观调控方式的改进和完善有参考借鉴价值。

论文的主要贡献在于以下几点:①结合最新发展的混频模型,对中国金融市场与宏观经济的风险传染关系展开深入研究,有效甄别了宏观实体经济与金融市场的作用机制;②针对多目标的政策,探索了实施差别化、精细化监管的途径和层次,为提升调控政策的针对性和有效性提供了有益指导;③研究结论具有很强的现实针对性,可为进一步建设和完善与高质量发展要求相适应的宏观调控体系提供有益参考。

6. 姚树洁、张宗益:*On Regional Inequality and Diverging Clubs: A Case Study of Contemporary China*

姚树洁,经济学博士,教授、博士生导师,国家级人才称号获得者,城市化与区域创新极发展研究中心秘书长,辽宁大学李安民经济研究院院长,重庆大学特聘教授,重庆市英才·优秀科学家,重庆市普通本科高等学校教育指导委员会经济学类专业教学指导委员会主任委员,英国诺丁汉大学当代中国学学院和孔子学院原院长。担任世界银行、联合国等国际组织经济顾问,《经济研究》等多个SSCI/CSSCI期刊编委。2020—2021年连续入选爱思唯尔(Elsevier)应用经济学高被引学者。主持一项国家社会科学基金重大项目、一项国家自然科学基金面上项目、10多项省部级研究项目,曾获10多项国家级及省部级科研优秀成果奖。主要研究方向为经济增长、收入分配和银行业效率。

张宗益,经济学博士,教授、博士生导师,国家级人才称号获得者,厦门大学校长。国务院学科评议组(工商管理学科)召集人,教育部工商管理类专业教育指导委员会副主任委员,重庆市英才·优秀科学家。曾获教育部"优秀青年教师资助计划"、中国青年科技奖、重庆市科技进步奖、宝钢教育奖(优秀教师奖)和重庆青年五四奖章等奖励。作为第一获奖人科研成果获省部级一等奖3项,二、三等奖8项。主要研究领域为转型经济及增长、技术创新及管理、金融风险管理、能源经济及管理。

本次获奖论文为 *On Regional Inequality and Diverging Clubs: A Case Study of Contemporary China*（*Journal of Comparative Economics*, 2001, 29(3):466-484)。论文对中国自改革开放以来出现的地区不平等问题进行了深入研究,首次利用中国长时间跨全国所有省份的面板数据(1978—1997年),构建多种理论模型、使用多种实证方法,为中国各地区人均产出的收敛和分化提供了重要的理论解释和实证检验。论文研究成果对于不断推进中国区域经济协调发展具有重要的参考价值。

论文的主要贡献在于以下几点:①认为接收增长中心溢出效应的差异是不同地区增长分化的根本原因,并进一步将某一地区到增长中心的距离因素嵌入基于柯布-道格拉斯生产函数拓展出来的内生经济增长模型的技术因素,在理论模型上进行了创新;②使用多种实证方法对中国东、中、西部地区的人均产出是否收敛进行了充分的讨论,在实证方法上也做出了重要创新;③采用非参数方法检验参数方法的可靠性和稳健性,作者特别采用其本人在1999年创立的基尼系数计算和分解法来计算中国东、中、西部地区的人均GDP的区内收敛、区间分化的基本特征,有力地验证了创新性参数实证模型的可靠性。

**(二)第四届张培刚发展经济学青年学者奖获奖者简介**

1. 刘瑞明

1985年生,中国人民大学国家发展与战略研究院教授,复旦大学经济学博士。

(1)研究方向及主要研究领域

发展经济学、转型经济学和产业经济学。研究主要围绕中国经济转型与发展这一重大现实问题,对结构变迁中的效率问题和制度变迁等多个重要领域进行了深入的探索和研究。

(2)学术研究成果及创新点

①从发展经济学的结构主义出发,深入研究了中国经济转轨过程中的"非效率"现象的表征及其相应治理。获奖者从中国特有的"双重二元结构"出发,有力地将发展经济学经典理论与中国发展特征结合,提出了软预算约束下亏损企业的"双重效率损失"假说,在统一的逻辑框架下为增长差异、地区差距、市场分割、金融抑制、要素垄断、城市化迟滞等中国经济发展中的"非效率"现象提供了逻辑一致的解释,为中国破解这些领域不平衡、不充分的时代难题提供了新的见解和经济体制改革依据。

②结合中国特色政策试点制度变革,多维度考察了中国社会经济发展中的重大制度改进和制度创新的政策效果。获奖者系统评估了中国的高新区、西部大开发、文化体制改革等重大经济改革的实践效果,为找寻中国经济增长新动力、破解中国地区发展差异提供了新思路;从高校合并、更名、招生均等化、科技期刊制度改革等多个角度,系统评估了中国高等教育改革和科技体制改革的效果,为中国的高等教育改革和科技体制改革提供了理论借鉴。

③围绕中国社会经济结构的变迁这一基本现实,深入探讨了中国社会变革发展基本趋势特征及其社会治理方案。获奖者把握中国由"互联型社会"向"规则型社会"转变的时代特征,深入分析了经济转型所引起的"制度真空"现象和"社会不适应"形态,结合中国实际拓展了发展经济学的经典理论,对中国转型时期的"道德救助""假冒伪劣""社会治理""阶层分化"等现象进行了分析和解释,为中国未来构建和谐稳定的社会秩序和国家治理现代化提供了重要参考。

获奖者在上述领域的研究成果广泛发表于国内外顶级权威期刊,包括《经济研究》(7篇)、《管理世界》(4篇)、《经济学(季刊)》(3篇)、《中国工业经济》(5篇)、《世界经济》、Research Policy、Journal of Asian Economics、China Economic Review 等。获奖者主持国家社会科学基金重大招标项目、国家自然科学基金项目、教育部人文社会科学基金项目等20余项科研项目。

2. 刘志阔

1986年生,复旦大学经济学院和中国社会主义市场经济研究中心(CCES)副教授,复旦大学经济学博士。

(1) 研究方向及主要研究领域

企业创新、税收政策和国际税收。研究主要从"激励-反应"这一基本经济分析逻辑出发,结合中国微观企业数据,聚焦考察我国税收政策变化对企业行为的影响,在理论上致力于解释影响企业行为的微观激励机制,在政策上参与服务我国税制改革的决策咨询。

(2) 学术研究成果及创新点

①利用中国企业研发的分布特征,探究中国税收激励创新的政策效果。获奖者从我国高新企业的税收激励政策实施效果评估着手,系统深入地研究了中国高新技术企业税收激励政策对于研发投入分布的影响,并估计了税收政策对研发激励的效果,增进了人们对中国创新政策及特征事实的理解,丰富了已有文献对创新激励效果的认识。

②基于中国重大的税制改革,考察企业动态行为调整的微观机理。获奖者重点研究了增值税转型改革、所得税优惠以及营改增试点等重大政策实施效果,深入探究了企业投资行为调整背后的税收激励动因和激发市场活力的税收激励效果。同时,获奖者围绕我国税制改革中可能存在的制约因素和改进空间,为我国税制设计提供了决策咨询建议。

③研究跨国公司的避税行为,总结国际税制改革的影响效果。获奖者以中国对外直接投资企业为研究对象,对其利润转移行为和造成的税基侵蚀进行了系统深入的分析,不仅在理论研究上为理解中国企业的利润转移提供了经验证据,也在政策制定上为我国参与国际税收治理体系和优化对外投资监管提供了研究支撑。

获奖者在上述领域的研究成果广泛发表于国内外顶级权威期刊,包括

*American Economic Review*、《经济研究》、《管理世界》等。获奖者主持了国家自然科学基金优秀青年科学基金项目和青年科学基金项目。

3. 邵 帅

1981年生,上海财经大学城市与区域科学学院研究员、华东理工大学商学院教授,哈尔滨工业大学管理学博士。

(1)研究方向及主要研究领域

能源经济与环境政策和区域可持续发展。研究主要围绕中国经济的绿色低碳转型和高质量发展这一重大主题,聚焦能源(资源)开发与消费的经济及环境外部性问题,从气候和环境治理机制及优化决策、资源开发活动的区域经济效应、能源效率改进的机制和路径等方面开展了深入的学术探索。

(2)学术研究成果及创新点

①围绕实现经济发展与环境保护相互协调这一重大问题,对气候和环境治理机制进行了理论体系构建和优化决策分析。获奖者不仅在理论上为宏观经济现象(如城市化和经济集聚)和微观经济行为(如居民收入不平等)的"非线性"节能减排效应提供了更具一般性的规范阐释,构建了适用于空气污染影响机制分析的理论框架,还在方法层面通过对多种相关方法技术的优化改进,将研发和投资行为、环境非政府组织及空间溢出效应等因素引入碳排放和空气污染的驱动因素、演化路径和政策效果的分析框架,为识别碳排放和环境污染的驱动机制和政策优化路径提供了更加严谨的思路框架。

②从资源型地区经济可持续发展的现实问题出发,深入探讨了"资源诅咒"效应的发生机制与规避路径,推动了"资源诅咒"学说的理论研究深化。获奖者在讨论性机制框架下提出了"有条件资源诅咒"理论,识别了"资源诅咒"效应发生或被规避的条件,并在我国区域层面对所提出的理论机制提供了可靠的经验证据,从而就"资源诅咒"和"资源祝福"共存的现象提出了普适性的规范解释,对"资源诅咒"学说的理论体系进行了发展和创新。

③从能源回弹效应的视角,对经济绿色低碳转型过程中的能源效率改进的机制和路径进行了深入研究。获奖者首次在更加贴近现实的内生增长理论框架下,在能源效率内生、规模报酬可递增及要素产出弹性可变的合理假设条件下,重新构建了能源回弹效应的理论模型,借此对能源回弹效应的发

生机理和影响途径开展了更具普适性的规范阐释和实证考察,为回弹效应的理论体系进行了重要的拓展和完善。

获奖者在上述领域的研究成果广泛发表于国内外顶级权威期刊,近五年共发表(录用)学术论文 90 余篇,其中 SSCI/SCI 索引论文 70 余篇、ESI 热点/高被引论文 20 余篇,涵盖 Nature Geoscience、World Development、Environmental & Resource Economics 等英文权威期刊,以及《经济研究》(3篇)、《管理世界》(2篇)、《经济日报》等国内权威期(报)刊。获奖者主持国家社会科学基金重大项目、国家自然科学基金优秀青年科学基金项目、面上项目(2 项)等 10 余项国家级和省部级科研项目;研究成果曾获教育部高等学校科学研究优秀成果奖、刘诗白经济学奖、上海市哲学社会科学优秀成果一等奖等奖励。

### (三) 第五届张培刚发展经济学青年学者奖获奖者简介

1. 宋弘

1990 年生,复旦大学经济学院副教授,新加坡国立大学经济学博士。

(1) 研究方向及主要研究领域

劳动经济学和发展经济学。研究主要围绕中国经济发展中人力资本与劳动力市场相关问题,重点关注经济发展与转型中人力资本投资和劳动力市场配置效率等关键领域。

(2) 学术研究成果及创新点

①对中国经济发展和转型背景下影响人力资本投资和资本积累的主要因素进行了研究。获奖者考察了贸易自由化、信息化、科技创新、高校扩招等一系列重要政策的实施对人力资本积累所带来的影响以及这些政策效能发生的内在机制,为有效提高人力资本积累提供经验证据和政策启示。

②对经济发展中高技能人力资本流动和供给问题进行了关注和考察。获奖者重点关注当下人口红利向人力资本红利转型过程中,影响高技能人力资本流动与供给的决定性因素,分析了房价、户籍制度、教育改革等因素对高技能人力资本供给和流动的影响,为增加高技能人才供给、提高劳动力配置效率提供了有益的研究支撑。

③对校园微观环境构建与人力资本形成的关系进行了深入的考察。获奖者基于中国经济社会背景,重点研究了影响校园微观环境的相关变量(如

教师特征、同群效应、分层教育、现代化信息技术、远程教育等校园特征或教育政策)对学生人力资本形成的影响机理和传导路径,为加强校园建设、提高人力资本能力提供了政策方案。

④对影响人力资本形成的健康医疗等相关因素进行了研究。获奖者从医疗健康和社会保障角度出发,评估国家和地区各类医保政策对医疗服务利用、就医行为和公众健康的影响,探究医疗保险和社会保障制度对公众健康、认知能力的影响,以及对地区和城乡间人力资本不平等的影响,为相关政策设计和优化提供经验证据。

获奖者深入分析了中国劳动力市场的发展现状,系统探讨了中国人力资本积累的形成机制,为我国由人口红利向人力资本红利转型提供了新的视角。获奖者对我国人力资本影响因素的深度探究,不仅加深了发展经济学对当代中国经济社会的解释力度,也为我国人力资本优化与社会保障体系健全提供了政策建议。

获奖者在上述领域的研究成果广泛发表于国内外顶级权威期刊,包括 *Journal of Labor Economics*、*Journal of Development Economics*、*Journal of Risk and Insurance*、*Journal of Human Resources*、《经济研究》、《管理世界》、《经济学季刊》、《金融研究》等国内外权威期刊。获奖者为国家级人才称号获得者(2021年),入选上海市曙光学者、上海社科新人、上海市晨光学者、上海市浦江人才计划等,获得上海市哲学社会科学优秀成果奖(两次)、洪银兴经济学奖(青年)等。担任 *Journal of Asian Economics*(SSCI)和 *China & World Economy*(SSCI)副主编,《世界经济文汇》编辑。主持国家自然科学基金面上项目、青年项目,教育部人文社会科学项目等,相关资政成果被国家或地方政府部门采纳,在国家级重要资政刊物发表。

2. 翁翕

1983年生,北京大学光华管理学院教授,美国宾夕法尼亚大学经济学博士。

(1)研究方向及主要研究领域

应用经济学和信息经济学。研究主要围绕信息经济学基础理论和应用,特别重视将理论研究与中国经济发展、经济史、产业经济学等多领域的重大问题结合。

（2）学术研究成果及创新点

①对中国经济发展过程中政府的作用进行了深入研究。基于中国经济发展中地方政府驱动这个重大现实背景,获奖者通过提出一个带目标的多层级政治锦标赛模型,为"层层加码"现象提供了一个系统的理论解释,也为人们准确理解和把握经济发展目标管理对区域经济增长的影响提供了新的观察角度,为中国经济发展中政府作用的优化和改进提供了科学依据。

②围绕中国当下数字经济的快速发展,探讨数字经济的基本规律并将其应用于反垄断实践。获奖者通过对中国共享单车市场发展这一典型的"现象级"事件的研究,发现在数字经济时代,平台经济的垄断呈现很多新变化,相关研究为我国数字经济平台反垄断政策的制定提供了重要参考。

③对近代中国社会转型过程中社会治理架构失范的内在机理进行了理论探讨。获奖者的研究发现,当时科举制度的废除,使得地方士绅丧失了传统的博取功名获得租金的机会,从而助长了20世纪上半叶中国很多地方土豪劣绅的兴起,地方治理也由此迅速恶化。这一研究对于我们认识传统社会向现代社会转型和发展的复杂性和艰巨性提供了有益的启示。

获奖者围绕转型时期中国经济社会发展的系列重大问题进行探究,解释了地方政府行为决策对区域经济增长的影响,为解读中国区域经济发展提供新的视角。获奖者对中国转型时期的特殊现实问题的研究,为我们理解和把握中国从传统社会向现代社会转变过程中的现状与问题提供了有价值的政策启示。

获奖者的研究成果发表于 *Journal of Finance*、*Management Science*、*Economic Journal*、*American Economic Journal: Microeconomics*、*Journal of Economic History*、*Journal of Economic Theory*、*International Economic Review*、*Rand Journal of Economics*、《经济学(季刊)》等国内外权威期刊。获奖者主持国家自然科学基金杰出青年基金项目、面上项目、青年项目;为国家级人才称号获得者;曾获教育部高校学校科学研究优秀成果奖(人文社会科学)青年成果奖、中国信息经济学乌家培奖、中国留美经济学会邹至庄最佳论文奖等奖励。

3. 张川川

1985年生,浙江大学经济学院研究员,北京大学理论经济学(发展经济学)博士。

(1) 研究方向及主要研究领域

发展经济学、健康经济学和劳动经济学。研究主要围绕当前中国经济发展过程中重大的现实经济问题,尤其是养老、医疗、教育和就业等重点民生领域的经济问题进行。

(2) 学术研究成果及创新点

①基于实际经济数据,对我国养老、医疗、教育等民生领域重大政策改革做了量化评估。获奖者利用自然实验和政策评估的计量经济学方法,全面评估了农村养老保险政策改革、医药分开改革、医保支付方式改革和教育减负等一系列重大政策改革对微观主体行为决策的影响及其福利后果。这些研究既检验和推进了基础理论的发展,也为政府加强和改进政策设计提供了科学依据。

②研究了进出口的快速增长对国内就业、工资、收入差距和家庭教育决策的影响。获奖者采用局域劳动力市场分析范式,全面考察了进出口对我国劳动力市场就业、工资和收入差距的影响,为评估贸易政策和进出口变动的劳动力市场后果提供了重要依据,并在估计出口的就业效应时,首次提出和验证了"制造业就业乘数效应",强调了制造业在保障就业中的基础性作用。获奖者还指出了一个重要却被人们忽视的现象,即在出口快速增长并带动制造业就业规模迅速增加的过程中,农村青少年的高中和大学入学率出现了显著下降的趋势,由此提出应关注"中等教育陷阱"问题。

③研究了文化观念、社会组织和社会资本等非正式制度对经济行为和经济绩效的影响。获奖者指出并验证了非正式制度对公共政策实施效果的影响,发现养老、医疗等公共政策的实施效果显著依赖于非正式制度环境。同时,获奖者从非正式制度角度,对我国人口性别比失衡,教育、就业和收入的性别差距,以及灾荒时期人口死亡率的区域差异等重要的人口和经济现象做出了新的理论解释。

获奖者综合评估中国医疗、教育改革对微观主体行为决策的影响,为客观评价我国经济社会政策效果提供了科学依据。获奖者在发展经济学、劳动经济学等细分领域的成果,不仅推动了相关领域前沿的理论发展,也为优化我国公共政策的制度设计和实施效果提供了相关建议。

获奖者的上述研究成果广泛发表于国内外权威期刊，包括《中国社会科学》《经济研究》《经济学季刊》《管理世界》等国内经济学和管理学权威期刊，以及 Demography、American Economic Journal: Applied Economics、Journal of Development Economics 等人口学和经济学国际权威期刊。获奖者注重学术研究成果的宣传普及和转化推广，依托研究成果撰写的政策评论文章发表于《光明日报》《经济日报》，撰写的咨政报告得到国家领导人的肯定性批示。

第二部分
第四届张培刚发展经济学青年学者奖
颁奖典礼纪要

# 华中科技大学经济学科创建40周年庆典暨第四届张培刚发展经济学青年学者奖颁奖典礼在华中科技大学隆重举行

2021年11月6日上午,华中科技大学经济学科创建40周年庆典暨第四届张培刚发展经济学青年学者奖颁奖典礼在华中科技大学经济学院隆重举行。中国工程院院士、华中科技大学校长尤政,湖北省政协副主席、民革中央常委、湖北省委会主委王红玲,湖北省社会科学界联合会党组书记、常务副主席喻立平,张培刚发展经济学研究基金会理事长、北京大学汇丰金融研究院执行院长、中国宏观经济学会副会长巴曙松,华中科技大学经济学院院长张建华,华中科技大学经济学院党委书记戴则健等出席了此次庆典。华中科技大学党委副书记谢正学主持了此次活动。

尤政代表学校对莅临本次活动的各位嘉宾表示欢迎,对支持和关心华中科技大学经济学科的各级组织、领导和朋友表示感谢,对获奖者表示祝贺。他指出,40年来,华中科技大学经济学科在张培刚、林少宫等老一代学术大师的引领下,在全体师生的共同努力下,实现了快速发展,在人才培养、学科建设、科学研究和社会服务方面成果丰硕,形成了自己的特色和优势。他期待,华中科技大学经济学院在实现第二个百年奋斗目标的新征程中,深入学习和领会习总书记关于教育的重要指示,全面贯彻党的教育方针,坚定落实立德树人的根本任务,做出更大贡献,实现更大发展。

喻立平代表湖北省社会科学界联合会对华中科技大学经济学院和获奖者表示祝贺。他期待华中科技大学经济学院今后在科学研究和社会服务上,能够持续聚焦"长江经济带发展"国家战略和湖北省重大经济发展规划,以高水平的研究报告和政策咨询建议为中部地区经济高质量发展提供有效的智力支撑;他同时期待华中科技大学经济学院为中国经济学的学术创新和人才培养做出更大贡献。

巴曙松在致辞中指出,得益于张培刚和林少宫等老一辈学术大师的中国立场和世界视野,华中科技大学经济学科在短短40年内实现突破式发展。在张培刚发展经济学青年学者奖的评选中,张培刚发展经济学研究基金会也非常重视青年学者立足国际视角、结合中国重大问题所展开的创新研究。他期望新一代的经济学者与全球学术界密切互动交流,成为世界经济学研究群体中的重要探索者、创新者。

张培刚发展经济学研究基金会副理事长、华中科技大学经济学院原院长徐长生宣读颁奖词。中国人民大学教授刘瑞明、复旦大学教授刘志阔、上海财经大学教授邵帅获得第四届张培刚发展经济学青年学者奖。

与会领导、嘉宾为获奖学者颁奖,三位青年学者发表获奖感言。

张建华以《四十载砥砺奋进,新时代再谱华章》为题进行发言。他回顾了学院在人才培养、师资队伍建设、科学研究、学科建设、社会服务、国际合作等方面取得的突出成绩,并指出,学院将把经济学科发展和国家民族发展紧密联系在一起,推动学科尽快进入世界一流行列,为中国特色经济学的理论创新和人才培养做出应有的贡献。

典礼上,全国政协常委、北京大学新结构经济学研究院院长林毅夫,中国人民大学经济学院党委书记、院长刘守英,武汉大学经济与管理学院院长宋敏,81级硕士研究生校友、华中科技大学香港校友会会长黄少明,82级硕士研究生校友、香港中文大学(深圳校区)校长讲座教授艾春荣,2001级本科校友、蒙古国原财政部副部长、现蒙古国大呼拉尔议员布勒根图雅(布娜),2004级本科生校友、约翰霍普金斯大学助理教授程琛致贺词。

同时,还举行了碳中和、数字经济、共同富裕三个研究平台揭幕仪式,经济学院校友捐赠仪式。全体线下线上与会人员观看了《华中科技大学经济学科创建40周年巡礼》宣传片。

参加活动的还有兄弟高校代表,校友代表,学校职能部门负责人,兄弟院系代表,学院老领导、全体教师、职工和学生代表。

此次庆典同期,还将举办"后小康时代的中国经济发展"论坛、"新时代中国经济学教育与学科发展"圆桌论坛,林少宫纪念讲座及围绕碳中和、数字经济、共同富裕主题进行的平行论坛,来自各知名高校的专家、学者将发表演讲和参与研讨,聚焦中国经济发展,探讨经济结构转型升级如何推动我国经济高质量发展。此外,历届校友代表将参加"桃李天下情系喻园"经济学院校友教师座谈会、"投资与成长"论坛。

# 二
## 中国工程院院士、华中科技大学校长尤政致辞

尊敬的王红玲主席、喻立平书记，各位领导，各位专家，各位校友，企业家朋友们，老师们，同学们：

大家上午好！

今天，我们相聚喻家山下，举行华中科技大学经济学科创建40周年庆典暨第四届张培刚发展经济学青年学者奖颁奖典礼。在此，请允许我代表华中科技大学，对大会的召开、对第四届张培刚发展经济学青年学者奖获得者表示热烈的祝贺！对一直以来关心我校发展、支持我校经济学科建设的各位领导、专家、校友以及企业家朋友们表示衷心的感谢！

习近平总书记指出，一个国家的发展水平，既取决于自然科学发展水平，也取决于哲学社会科学发展水平。站在新的历史起点上，坚持和发展中国特色社会主义，必须加快构建中国特色哲学社会科学。经济学科是中国特色哲学社会科学体系中具有重要支撑作用的学科。加强经济学科建设对于提炼和总结经济发展规律、指导经济发展实践、培养经济学专业人才，从而推动我国经济实现高质量发展具有十分重要的意义。

华中科技大学是全国率先在理工科大学开办经济学教育、成立经济学院的高校。40年来，我校经济学院始终秉承"明德厚学、经世济民"的院训精神，在张培刚、林少宫等老一辈经济学大师引领下，开拓创新、砥砺前行，在人才培养、学科建设、科学研究和社会服务等方面取得了显著成绩。在人才培养方面，华中科技大学经济学院培养了一大批活跃在世界经济学术舞台的经济学家，被社会誉为"华中科技大学经济学家群现象"。华中科技大学经济学院是教育部首批"三全育人"综合改革试点单位，多年来，已经形成了特色鲜明的"三全育人"体系。学院2000级本科生胡吉伟舍己救人的英雄事迹，影

响了无数华中大学子,成为学校宝贵的精神财富。在学科建设方面,2021年,我校经济学与商学首次进入 ESI 全球前 1%,应用经济学在泰晤士 2021 中国学科评级中进入 A-级,学科建设成效显著。在科学研究和社会服务方面,经济学院始终坚持扎根中国大地,服务国家重大战略需求,积极为脱贫攻坚战、疫情防控阻击战、乡村振兴建设献智献策,学院连续三年参与国家"贫困县退出"第三方评估,评估工作被评为"优秀"。

"明者因时而变,知者随事而制。"当今世界正经历百年未有之大变局,我国正处于实现中华民族伟大复兴的关键时期。社会大变革的时代,一定是哲学社会科学大发展的时代。当前,我国经济发展进入新常态,发展方式面临转型、经济结构战略性调整加快、人力资本素质提升要求迫切。我国社会主义市场经济的生动实践,为经济学科的繁荣和发展提供了广阔舞台,希望我校经济学院以经济学科创建 40 周年为新的起点,以习近平新时代中国特色社会主义思想为指导,坚持立德树人根本任务,加强人才队伍和经济智库建设,努力培养具有国际视野、家国情怀和扎实学识的一流经济学人才,不断推进新时代中国经济学理论创新,全面提升学院咨政服务水平,为学校"双一流"建设、为推动我国经济学理论研究和人才培养做出新的更大的贡献!

最后,预祝本次大会取得圆满成功!

谢谢大家!祝各位与会嘉宾身体健康,工作顺利!

# 三
## 湖北省社会科学界联合会党组书记、常务副主席喻立平致辞

各位领导，各位来宾，老师们，同学们：

大家上午好！

今天很高兴参加华中科技大学经济学科创建40周年庆典暨第四届张培刚发展经济学青年学者奖颁奖典礼，我代表湖北省社会科学界联合会对华中科技大学经济学院和三位获奖者表示热烈的祝贺！

华中科技大学经济学科自1981年创建以来，在张培刚、林少宫、夏振坤等老一辈学术大师的引领下，经过全体师生不断努力，在人才培养、学科建设、科学研究、社会服务等方面取得了突出成绩，实现了跨越式发展，华中科技大学经济学院已成为国内一流的经济学院。

展望未来，我非常期待华中科技大学经济学院在人才培养和学科建设上多出新成果、再上新台阶，为我省哲学社会科学发展和科教强省建设做出新贡献！我也热切希望，华中科技大学经济学院在科学研究和社会服务上，能够持续聚焦"长江经济带发展"国家战略和湖北省重大经济发展规划，以高水平的研究报告和政策咨询建议，为中部地区经济高质量发展提供有效的智力支撑！祝愿华中科技大学经济学院早日建成中国特色世界一流经济学院！

张培刚发展经济学青年学者奖自设立以来，有力地推动了我国青年经济学人的学术发展和学术成长，起到了很好的引领和示范效应，已成为中国青年经济学家高度认可的一项崇高的学术荣誉。我希望该奖越办越好，为中国经济学的学术创新和人才培养做出更大贡献！

最后，预祝活动圆满成功！

# 四
## 张培刚发展经济学研究基金会理事长、北京大学汇丰金融研究院执行院长、中国宏观经济学会副会长巴曙松致辞

尊敬的各位领导,各位来宾,老师们,同学们:

大家上午好!

今天,我们在华中科技大学隆重举行华中科技大学经济学科创建40周年庆典暨第四届张培刚发展经济学青年学者奖颁奖典礼,我代表张培刚发展经济学研究基金会向莅临本次活动的各位领导和来宾,表示热烈的欢迎!

今年恰逢华中科技大学经济学科创建40周年,又是我们张培刚发展经济学青年学者奖第四届的颁奖,作为一名华中科技大学经济学院毕业的学生,我想对四十载风华正茂的学院送上衷心的祝福!作为张培刚发展经济学研究基金会的理事长,我想对今年获奖的青年经济学家们送上热烈的祝贺!

我一直在想,一个在1981年才创建于理工科大学的经济学科,是怎样在短短40年内实现突破式发展、跻身国内一流经济学院行列,并坚定地向"双一流"目标迈进的?一个才设立了4年的青年经济学奖项,是怎样赢得了学界青年才俊的一致青睐,让我们的评奖活动从评选以来,一直保持了国内青年经济学奖的最高水准的?两者之间有何内在关联?

张培刚先生无疑是一个关键的连接符号,因为张先生和林先生等老一辈学术大师带领一大批优秀的教师群体,成为华中科技大学经济学科的创建者和引领者,而且以张先生名字命名的基金会,也是经济学科在新的条件下不断发展的矢志不渝的推动者和建设者,所以,从这个意义上讲,华中科技大学经济学科的建设发展和张培刚发展经济学研究基金会所着力推进的学术公益活动,都是后学们传承先生们的学术志向和人生追求的积极成果,也是我们告慰先生们的最好的成绩单。

但如果我们超越学术巨匠的符号意义,深入考察全球化进程中中国经济发展的历史大逻辑和大趋势,实际上可以更深刻地感受和理解中华民族伟大复兴进程中的经济学科和经济学家的使命和荣光。

当时间回溯到1981年,原华中工学院成立经济研究所时,一个重要的时代背景是中国正在矢力同心地推进改革开放国策。如何推动彼时的中国更好更快地发展经济,是摆在决策者和经济学家面前的一个根本性课题。改革开放大潮下的中国经济发展,需要有大学问。

正是敏锐捕捉到了大时代的召唤,张培刚、林少宫等老先生在创建华中科技大学经济学科的初期,就明确了两条根本主线:立足中国来思考经济发展的大学问;放眼世界来取法世界经济发展的大趋势。

立足中国实际,张培刚先生开创性地提出了构建以中国这样的发展中大国发展为研究导向的新发展经济学的超前思想;立足中国实际,张培刚先生大声呼吁和提倡中部崛起的区域发展战略,他自己形象地以"牛肚子理论"来为之命名;立足中国实际,张培刚先生一直关切中国和全球范围内的农业发展对一个国家的工业化和现代化的战略意义,始终把农业自身的发展作为工业化的有机组成部分⋯⋯

立足中国实际,林少宫先生积极推进中国经济研究和管理的量化研究,积极倡导计量经济学在中国的建立;立足中国实际,林少宫先生着力于将提高经济效益的正交实验法进行研究和推广,为中国的社会经济发展带来了可观的经济效益⋯⋯

放眼世界,张先生和林先生在20世纪80年代初,就特别注重开放的国际视野以及立足前沿的思考。张先生深刻认识到现代市场经济理论的科学性和普遍性,是中国国内现代市场经济理论最早的宣讲者和布道者;林先生则准确把握了现代经济学数量化和数理化发展的基本趋势,是中国国内计量经济学教学和研究最早的实践者和推动者。两位先生尤其重视对学生国际化视野的训练,从20世纪80年代起,华中科技大学经济学科就和世界有着良好的学术交流和互动,一大批国际一流学者来校讲学交流,一大批优秀的学生赴海外深造⋯⋯

正是得益于这些学术大师的中国立场和世界视野,华中科技大学经济学科在创立之初就形成了非常突出的中国问题导向意识和非常扎实的国际化专业学理训练基础。在上级部门的关心支持下,在学术大师的引领下,短短四十年间,经过全体师生共同努力,华中科技大学经济学院发展成果丰硕。

今天,具有开放的国际视野、扎根祖国大地、服务中国发展,已成为华中科技大学经济学院人才培养和科学研究的根本遵循和鲜明特色;"胡吉伟班"和"华中科技大学经济学家群现象",是学院立德树人又红又专的生动写照;发展经济学和计量经济学两个优势学科,是学院学科建设两张亮丽的名片……蒸蒸日上的学科发展历史生动地说明了一点:在大时代下做好大学问,是我们华中科技大学经济学科实现跨越式发展的根本因素!我们全体华中科技大学经济学人,对此深感自豪!

让我们把时间拨到2018年。在那一年,张培刚发展经济学研究基金会全体同仁决定在原来的张培刚发展经济学优秀成果奖的基础上,新增一个针对40岁以下青年经济学家的表彰项目,我们将其名称定为"张培刚发展经济学青年学者奖"。我们在启动这个表彰项目时,一个基本的理念就是:全球经济格局的大变动,中国经济日新月异的发展,开辟了更多新领域,提出了更多新课题,中国年轻的经济学人应该聚焦中国和世界范围的重大发展问题,融会国际先进分析工具与分析方法,讲好中国故事,展现中国智慧,发出中国声音,为21世纪经济学的进步和繁荣做出应有的贡献。

我们很欣慰地看到,在历次张培刚发展经济学青年学者奖的评选过程中,广大优秀的青年经济学家踊跃申报。他们丰硕的发表记录和突出的科研实力给我们留下了深刻的印象。尤为值得称道的是,这些青年学者都有着非常开阔的学术视野,非常突出的中国问题意识,他们在中国经济发展诸多重大领域都贡献了高质量的创新性研究成果。这种中国视角、国际规范的研究特色是让我们感到非常高兴的。

在我看来,如果说在以前,中国经济还因为主要处于跟随地位,而在很多方面主要强调的是借鉴和学习世界其他国家和地区的经验和模式;随着中国经济总量跃居世界第二,特别是随着我们开启全面建设社会主义现代化国家新征程,一个努力通过创新驱动、内需拓展来实现高质量发展的超大规模经济体自身的成长,更需要在开放的视野下,立足中国经济实际的高质量创新型研究,提供理论支撑和政策建议。中国经济学也需要开放条件下的创新驱动,这是我们义不容辞的责任!

所以在张培刚发展经济学青年学者奖的评选中,我们非常重视申请者立足国际视角、结合中国重大问题所展开的创新研究。我们鼓励青年人才的创新努力,我们也积极推动青年学术人才的创新研究。也正因如此,我们的评选对于青年学者的感召力很强。每届评选会上,我们的评委看到这些中国青年学者自觉地将创新研究与国家重大关切联系在一起时,都会有一种"幸福的烦恼":后生可畏,后生可期,但名额有限,取舍不易! 也正因为申请者和获奖者的成果质量高,学术认可度高,整个评奖过程透明公正,充分尊重评审专家的意见,所以从根本上奠定了我们这个奖项的公信力和影响力。可见,鼓励和表彰青年经济学人在全球和中国的新格局下进行新理论探索,是我们这个奖项的吸引力和根本价值所在!

华中科技大学经济学科的跨越式发展和张培刚发展经济学青年学者奖的高水准都充分说明:学科乃至学者的发展,最终都和人类社会的发展、国家民族的发展紧密相连。一代人有一代人的使命,一代人有一代人的担当。老一辈经济学人承载着中国经济学研究"赶上去"的历史责任,他们不辱使命;新一代经济学人则肩负着与全球学术界密切互动交流、促使中国经济学者成为世界经济学研究群体中的重要探索者、创新者的重任。

在大时代中做好大学问,在新起点上探索新格局,和大家共勉!

再一次向华中科技大学经济学科创建40周年致敬!向今年的张培刚发展经济学青年学者奖的获奖者表示祝贺!

也预祝"后小康时代的中国经济发展"论坛获得圆满成功!

谢谢各位!

## 五

## 张培刚发展经济学研究基金会副理事长、华中科技大学经济学院原院长徐长生宣读颁奖词

各位领导，各位来宾：

受张培刚发展经济学研究基金会学术委员会的委托，我很荣幸地向大家介绍此次第四届张培刚发展经济学青年学者奖的获奖情况。

经过严格的初评和终评，第四届张培刚发展经济学青年学者奖最终评选出三位获奖者。

刘瑞明，1985年出生，复旦大学经济学博士，现为中国人民大学国家发展与战略研究院教授，主要围绕中国经济转型与发展这一重大现实问题，在中国经济转轨过程中的"非效率"现象的表征与治理、中国社会经济发展中的重大制度改进和制度创新的政策效果评估、中国社会变革发展基本趋势特征研判及相应社会治理方案设计等多个重要领域有深入的研究。研究成果在社会上产生了重要影响。

刘志阔，1986年出生，复旦大学经济学博士，现为复旦大学经济学院和中国社会主义市场经济研究中心（CCES）副教授，主要围绕中国经济发展中税收政策调整与企业行为变化这一重大课题，在中国税收政策对企业技术创新的激励效果评估、税制改革与企业激励反应的微观机制、税制改革对企业对外投资的影响等多个重要领域进行深入研究。研究成果产生了重要的影响。

邵帅，1981年出生，哈尔滨工业大学管理学博士，现为上海财经大学城市与区域科学学院研究员、华东理工大学商学院教授，主要围绕中国经济的绿色低碳转型和高质量发展这一重大主题，聚焦能源（资源）开发与消费的经济及环境外部性问题，在气候和环境治理机制及优化决策、资源开发活动的

区域经济效应、能源效率改进的机制和路径等多个重要领域进行了深入的研究。研究成果产生了重要的影响。

评审委员会认为本次获奖的三位青年学者,均立足于学术前沿,致力于学术创新,在各自的领域取得了突出成绩,具有很大的发展潜力,展现了中国青年经济学家的良好风貌。

特此表彰。

再次向各位获奖者表示祝贺!

# 六
# 第四届张培刚发展经济学青年学者奖获奖者获奖感言

## （一）刘瑞明发表获奖感言

尊敬的各位领导，各位前辈，各位同仁：

非常荣幸今天来到这里领奖。

首先，祝贺华中科技大学经济学科创建40周年。尽管华中科技大学的经济学科正式建立只有短短40年，但是它在人才培养、科研成果、社会影响、政策咨询等方面取得的成果可谓蔚为大观。中国经济学界一直流传着"华中科技大学经济学家群"的佳话，这里也是我们后学之辈仰慕的地方。这些成就，离不开张培刚先生、林少宫先生这样的大师的引领，离不开过去数十年为此辛勤付出的历代华中科技大学经济学人的努力，在此学科40周年庆典之际，我谨作为后学之辈，对华中科技大学致以崇高的敬意和热烈的祝贺！

得奖总是一件令人开心的事，但在开心之余，我又有些诚惶诚恐、忐忑不安！因为早在大学期间，我就学习过张培刚先生的著作，听到张先生的很多传说，打心底生发由衷的敬佩，也立志要做一些有益的研究，所以，能够获得以先生名字命名的奖，当然无比高兴，但另一方面，正是因为这个奖的分量太重，我生怕自己未来不能做出更好的研究来回馈这份认可，所以颇感忐忑。

在我看来，一个好的经济学家、一个好的教育家，就应该是张先生的样子。自从走上经济学的道路，有一个问题一直困扰着我，那就是如何才能够像张先生那样，成为一个好的经济学者、好的教育工作者。最近，我又系统地学习了张先生的学术著作，追踪了张先生的学术历程，终于有了一点点体悟。我认为，张先生之所以能够成为一位杰出的经济学家、一位备受尊重的教育家，离不开"六有"。

第一，脚下有实践。经济学作为一门经国济世、经世致用之学，需要我们首先了解和体悟现实世界中的约束条件。张先生不仅自小就有农业的亲身实践,而且在研究中高度重视社会调查研究。在20世纪30年代,他从事农村经济调查研究工作达6年之久。他所撰写的《清苑的农家经济》《中国粮食经济》等著作,无一不是对于中国经济进行深入实践调查后的作品。正是这些系统深入的调查研究,让先生了解了真实世界的运行,为后来的理论创新奠定了基础。

第二,胸中有理论。实践经验如果脱离了深入思考和提炼总结,终将难以构成一般性的理论,难以形成对于实践的更好指导。为此,张先生远渡重洋,负笈哈佛,在系统消化吸收经济学经典和前沿文献的基础上,创立了系统的农业国工业化理论。这一理论在历史上的创新性和重要性已经无须言说。

第三,手中有考证。理论和实践如果脱离了考证,也可能会出现认识的偏差,因此,张先生不仅注重实践和理论,而且注重考证。例如,张先生对于"以农立国""以工立国"和"第三条道路"争论的澄清,对于常人"南人食米,北人食麦"说法的质疑,无一不是建立在大量逻辑考证和事实考证基础上的。

第四,口中有真话。正是在大量的实践调研、深入的理论分析、严密的推理考证基础上,张先生得出了实事求是的结论,并且他始终坚持自己的观点,即使在特殊的年代,也不曲意迎合。"口中有真话",是一种何其可贵的品质。

第五,眼中有世界。张先生的农业国工业化理论,虽然生发于对于中国实践的观察与思考,但他并未将自己的理论局限于中国,而是着眼于世界上农业国工业化的一般性规律。这从张先生为之毕生奋斗的学术理想就可以看出:"立足中国,面向世界,开放式地借鉴人类文明的成果,探索一个贫穷落后的农业大国,如何转变为工业强国的可行途径。"

第六,心中有家国。上述几个条件是成为一个优秀的经济学家的必要条件,但是,为什么这些要素同时聚合在张先生身上之后,在理论创造过程中产生了突破性变化,让他最终提出了农业国工业化理论呢?梳理张先生的一生,可以发现,家国情怀是聚合这些理论生产要素和推动理论生产函数突变的关键。在那个积贫积弱的年代,张先生义无反顾地放弃金钱、地位、荣誉而选择共赴国难,在经历了一段漫长而痛苦的岁月后,还能以老骥伏枥的精神,再次引领、传播发展经济学,呕心沥血培养出那么一大批杰出人才,正是家国情怀的生动写照。

相比于张先生，我们这代人是何等幸运。如果我们在这样的条件下仍然做不出好的研究，是有愧于时代的。而真正要做出像样的研究、有益于时代的研究，就得向张先生学习，做"六有"学人：脚下有实践，胸中有理论，手中有考证，口中有真话，眼中有世界，心中有家国。

张先生常说："我们作为中国人，不仅要在经济上争气，早日摆脱贫困，做到真正振兴和发达，而且在学术上也要争气，早日摆脱落后局面，做到真正的独立和繁荣。要为中国的社会科学在国际上争得一席之地！"作为后学之辈，在困顿懈怠的时候，读到这样的话语，就如当头棒喝，内心就重新燃起了真正做好的学问的动力和激情。

路漫漫其修远兮，吾将上下而求索！谨以先生之嘱托，与各位同仁共勉！

### （二）刘志阔发表获奖感言

尊敬的尤校长，各位前辈和同仁：

大家上午好，我是复旦大学的刘志阔，非常荣幸能够和刘瑞明教授、邵帅教授一起获得本届张培刚发展经济学青年学者奖。

首先，我要感谢华中科技大学和张培刚发展经济学研究基金会。感谢评审委员会的有效组织和专家的认可。目前该奖项作为鼓励青年经济学者的最高奖，促进着青年人才的成长和中国经济研究水平的提高。

其次，我要感谢申请奖项的推荐人。一位是复旦大学的陈钊教授，他是我的博士生导师，十年来他在对我的培养中倾注了大量心血，在我的学术成长过程中起着决定性作用。另一位是复旦大学的张军教授，无论在读书期间还是工作之后，张老师都对我的研究给予了巨大的支持。

最后，我要感谢论文的指导与合作老师，正是在他们的共同努力下，才有了现在的成果。他们分别是浙江财经大学的王俊豪教授、杜克大学的 Daniel Yi Xu 和 Juan Carlos Suárez Serrato 教授，复旦大学的吴建峰和章奇教授，同济大学的钟宁桦教授。同时，我也要感谢同辈的合作者，他们分别是江弦、焦阳、毌志伟、王遐昕、袁从帅和杨红丽。

除了感谢之外，借此机会，就我自己未来的研究，发表几点感想。

第一，不断总结经济发展的特征事实，在研究上争取多做一些基础性工作。目前，中国经济学科不断发展，涌现一系列标志性成果，但是在学科基础性的特征事实方面，仍存在巨大的研究空间。

第二,不懈追求经济研究的理论贡献,以张培刚先生为学习楷模,在研究上更加强调理论性,希望能以中国经济发展为背景,不断探索、发展,形成重要的经济理论。

第三,继续保持学术研究的延续传承。各位前辈为青年一代创造了绝佳的研究基础和工作条件,我也将继承这种传统,为更年轻学者的发展贡献自己的绵薄之力。

最后,希望华中科技大学和张培刚发展经济学研究基金会越办越好。

再次感谢大家,谢谢!

### (三)邵帅发表获奖感言

尊敬的各位前辈、领导、同仁,大家好!

能在华中科技大学经济学科创建40周年之际受邀参加这次颁奖典礼,我感到非常高兴和荣幸!首先,我要向钟灵毓秀、底蕴深厚、人才辈出的华中科技大学经济学院表示热烈的祝贺!也要借此机会向在评奖过程中给予我宝贵支持和肯定的各位前辈、领导和专家表示衷心的感谢,还要向一直以来关心和帮助我的各位老师和同仁表示诚挚的谢意,同时还要特别感谢我的团队所有小伙伴的辛苦付出和默默奉献!

作为一个"半路出家"的经济学者,今天面对这么多前辈"大咖",我是诚惶诚恐的!我自己的求学经历恰恰为阿罗提出的"干中学"理论提供了一个可供检验的样本。我的本科和硕士专业都是环境工程,博士专业是技术经济及管理,所以说,从最初的弃工从管,再到借管研经,我的每一步求学之路似乎都缺少了正统的经济学训练。"非科班出身"的我今天所掌握的经济学知识和研究技能都是在问题导向的探索之路上一点点通过"干中学"积累起来的。所以,从这个意义上讲,我的"进阶"之路似乎也可以对张培刚先生所创立的农业国工业化理论提供一个可类比的实践检验样本。

我的主要研究领域是资源与环境经济学,下面我就斗胆从我的研究领域的视角在各位前辈面前班门弄斧,谈一点自己对发展经济学的认识。

发展是以增长为基础的,所以谈到发展经济学就不得不提及经济增长理论。在索洛提出新古典增长理论之后,20世纪80年代末以罗默为代表的经济学家提出了以"内生技术变化"为核心思想的内生增长或新增长理论,论证了内生化的技术进步是经济增长的真正源泉和动力,科技创新和人力资本积累可以驱动经济长期持续增长。新增长理论摆脱了新古典增长理论所主张的经济均衡增长的条件是被外生的人口自然增长率决定的,这个令人"不愉快的结果"为经济增长免受资源极限限制提供了极具价值的政策指向,将经济增长理论推向了一个新的高度。但是,作为人类经济社会发展的最重要的外部条件之一,自然生态环境约束一直是客观存在的。正如诺德豪斯对碳排放的追根溯源那样,环境非期望产出也逐渐从"自然界自身的产物"演化为人类活动的"byproduct(副产品)",可以说,自然生态条件与人类的经济系统已经成为一个紧密联系、相互作用的"生命共同体"。分别依靠上述在经济增长理论和气候变化经济学两个不同领域所做出的开拓性贡献,罗默和诺德豪斯在2018年同时被授予了诺贝尔经济学奖。尽管各有侧重,但两位学者的经济理论不约而同地指向了经济长期可持续发展的框架。可以断定的是,在推进全球气候治理、寻求包容性绿色增长的时代诉求下,如何依托人类的创新能力激发增长潜能,如何适应资源约束并缓解气候变化带来的负面影响,从而实现人类社会的可持续发展,无疑是当代发展经济学必须加以关注并提供科学回应的重大问题。

那么,就我国而言,中国特色社会主义经济发展格局,决定了我国需要积极探索适用于中国国情的可持续发展理论。张培刚先生创立了农业国工业化理论,并提出建立新型发展经济学的理论构想;谭崇台先生倡导以中国经验推进发展经济学衍生新理论,并提倡用新的发展理论演绎中国发展故事。前辈们已经为发展经济学在中国的落地生根奠定了坚实的基础。"知之愈明,则行之愈笃;行之愈笃,则知之益明。"理论与实践的紧密结合、相融并进,必然是有效推进理论发展和实践进步的"一味良方"。当前,我国经济已经步入转变发展方式、优化经济结构、转换增长动力的攻坚阶段,经济发展正从要素驱动增长模式向效率、创新驱动增长模式转变。同时,为了应对生态环境问题并适应可持续发展的内在要求,我国相继提出了污染物排放强度、能源强度和碳强度约束目标,以及推进绿色转型、生态文明与"美丽中国"建设的发展战略;2020年,我国又进一步提出了力争2030年前实现碳达峰、2060年前实现碳中和的"双碳"目标。这一系列环境治理和气候治理领域发展目标的提出,无不体现了我国推动构建人类命运共同体的责任担当。可以说,我国经济增长的"赛道"转换,以及国家对生态环境问题的重大关切,都为发展经济学理论的新时代创新提供了世界上最大的"天然实验田"和"金山宝库"。

因此,我们作为新时代的青年经济学者,理应立足我国的实践去检验、矫正和推动发展经济学的理论前沿,探索具有中国特色的可持续发展理论、气候变化理论、资源能源转型理论,从而形成顺应中华民族伟大复兴时代要求的重大理论创新和政策创新成果。

以上就是我的一点粗浅认识,供各位前辈和同仁批评指正。最后,衷心祝愿中国的发展经济学能有新的发展,吾辈能够将张培刚先生的求真精神进一步发扬光大!

# 七
## 华中科技大学经济学院院长张建华致辞

尊敬的各位领导，各位来宾，老师们，同学们：

今天，我们在此隆重集会，庆祝华中科技大学经济学科创建40周年。在此，我谨代表华中科技大学经济学院全体师生，向莅临庆典的各位领导、专家和来宾，表示热烈的欢迎！

向长期以来关心、帮助和支持华中科技大学经济学科建设的各级组织和领导、各兄弟单位、海内外各界朋友，表示衷心的感谢！

向为华中科技大学经济学科创建和发展辛勤耕耘、无私奉献的历任老领导、离退休老同志和全院教职员工，致以最崇高的敬意！

向40年来毕业的近30000名院友和1600多名在校学生，致以亲切的问候！

40年前，改革开放之初，我校由张培刚、林少宫等前辈领衔相继创办经济研究所和数量经济研究所，开启了我国理工科大学开办经济学教育的先河。1994年，我校率先在理工科大学中单独成立经济学院。经过几代人的不懈努力，学院遵循"明德厚学、经世济民"的理念，发扬"敢于竞争、善于转化"的华中科技大学精神，走过了不平凡的奋斗历程，实现了快速发展。如今我院已建立完整的经济学科体系，形成了"中国特色、国际视野、华中品牌"的办学风格，在人才培养、师资队伍建设、科学研究、社会服务、国际合作等方面矢志一流，积极探索开拓，取得了突出成果，学科的社会影响力和国际学术影响力得到快速全面提升，并为建成国内一流、国际知名经济学院打下了坚实的基础。

40年栉风沐雨，砥砺奋进；40年弦歌不辍，薪火传承！

我们始终牢记立德树人的根本任务，已培养数万名优秀人才。他们活跃在学界、政界和工商实业界。其中一批知名学者活跃在国际国内学术研究和政策咨询舞台,形成了"华中科技大学经济学家群"现象。学院创建"胡吉伟班"的经验不仅在全校推广,还得到国家领导人的批示,并被中央媒体集中报道,被誉为"立德树人的华中大样板"。2018 年,学院成功入选教育部首批全国"三全育人"综合改革试点学院名单。

我们打造了一支高水平的国际化师资队伍,创建了以"两基地、三研究院、多中心"为代表的一批高水平研究平台,并依托张培刚发展经济学研究基金会、麦克法登-林少宫经济学奖学基金,致力于构筑经济学学术共同体。理论经济学、应用经济学建设取得了重要进展,特别是在发展经济学和数量经济学等领域形成了鲜明的学科特色和优势。西方经济学为国家重点学科,理论经济学、应用经济学为湖北省重点一级学科;本科 6 个专业均为国家级和省级一流本科专业建设点。2021 年经济学与商学首次进入 ESI 全球前 1‰,应用经济学在泰晤士 2021 中国学科评价中进入一流(A-级)。

我们坚持服务党和国家的战略需求,先后与国家开发银行、中国建设银行共建发展研究院、普惠金融研究院,合作成果相继转化为课程教学和报告;围绕产业创新、区域发展、绿色转型和开放发展等重大问题,我们产出了一批高质量成果。多项成果得到了中央及省部级领导的批示和相关部门的决策采纳;有关系列报告为实施中部崛起战略提供决策参考,为《关于推动高质量发展的意见》提供了有力的支撑;在全面建成小康社会、实施脱贫攻坚战以及抗击新冠肺炎疫情阻击战中,我们也都贡献了华中科技大学方案和智慧。

我们不断深化国际合作,先后与美国、英国、加拿大、德国、澳大利亚、新加坡等国的 10 多所著名高校建立了合作关系。我们还是来华留学生的重要培养基地,深度参与巴西米纳斯吉拉斯联邦大学孔子学院建设,在教育对外开放中有力地展示了中国高等教育发展新风貌。

站在"两个百年"的历史交汇点,回首过去,我们充满自豪,在改革开放的春风里,我们笃行致远、砥砺前行,实现了快速发展;展望未来,我们满怀信心,在社会主义现代化国家建设的新征程中,我们将践行初心、勇于担当,谱写新的华章。

我们将进一步强化立德树人的根本任务,坚持中国特色、世界一流的发展目标,在马克思主义政治经济学的指导下,积极探索新时代中国特色社主义经济理论,立足西方经济学和数量经济学既有优势基础,加大与理工医科交叉融合力度,大力创建新兴学科和交叉学科,促进学科融合和跨界发展,重点探索后小康时代的中国经济发展问题,致力于求解"数字化、绿色化、均衡化"发展新问题,以创新驱动加快推进经济结构优化、碳达峰碳中和进程,助力中国经济高质量发展、迈向共同富裕,着力构建具有中国特色、中国风格、中国气派的经济学科体系,形成具有华中科技大学特色的若干学科优势。

面向未来,我们将继续努力:一方面,强化发展理论和方法的基础研究和原始创新,努力建构中国发展经济学理论体系,提升基础研究的战略性和前瞻性,进一步提升我校"经济学与商学"学术成果国际影响力;另一方面,积极服务党和国家重大需求,提升应用研究、对策研究贡献能力,进一步助力国家"一带一路"建设、长江经济带高质量发展,为社会主义现代化新征程再立新功!

未来唯有不懈奋斗、行稳而致远!我们将不负时代重托,把经济学科发展和国家民族发展紧密联系在一起,推动学科尽快进入世界一流行列,为中国特色经济学的理论创新和人才培养做出华中科技大学应有的贡献!

最后祝各位身体健康、万事如意!

感谢大家!

# 第三部分

第九届张培刚发展经济学优秀成果奖、第五届张培刚发展经济学青年学者奖颁奖典礼纪要

# 第九届张培刚发展经济学优秀成果奖、第五届张培刚发展经济学青年学者奖颁奖典礼在华中科技大学隆重举行

2022年10月7日上午,第九届张培刚发展经济学优秀成果奖、第五届张培刚发展经济学青年学者奖颁奖典礼暨"中国式现代化新道路与经济高质量可持续发展"论坛在华中科技大学经济学院隆重举行。华中科技大学党委常委、副校长许晓东,湖北省社会科学界联合会主席、华中师范大学党委书记赵凌云,中华外国经济学说研究会发展经济学研究分会会长、武汉大学经济发展研究中心主任郭熙保,张培刚发展经济学研究基金会理事长、北京大学汇丰金融研究院执行院长、中国宏观经济学会副会长巴曙松,中国国际交流中心首席经济学家张燕生,香港中文大学教授艾春荣,南京大学经济增长研究院院长沈坤荣,厦门大学校长助理方颖,张培刚发展经济学研究基金会副理事长、华中科技大学经济学院教授徐长生,华中科技大学经济学院党委书记戴则健等出席典礼。华中科技大学经济学院院长、张培刚发展研究院院长张建华主持了此次活动。

许晓东代表学校对莅临本次活动的各位嘉宾表示欢迎,对获奖者表示祝贺,对关心、支持和帮助学校发展的各级组织、领导和社会各界朋友表示感谢。他指出,在华中科技大学70周年校庆和喜迎党的二十大胜利召开之际,举办此次典礼意义重大。他期待,中国经济学家能够锐意进取,在新时代经济学本土创新中实现更大突破,取得更大成绩,为增强我国哲学社会科学国际影响力做出新的更大的贡献。

巴曙松在致辞中指出,张培刚发展经济学研究基金会奖励和表彰这些成果和优秀学者就是为了更好地推动中国经济学的本土创新和人才成长,推动

发展经济学在新的国际国内环境下的创新发展。他期待新时代的中国经济学者能够以浓厚的报国情怀、宽广的国际视野、扎实的学术研究、锐意进取的学术姿态,在发展经济学中不断产出高质量的创新成果。

张培刚发展经济学研究基金会副理事长、华中科技大学经济学院原院长徐长生宣读颁奖词。欧阳峣等著的《大国发展道路:经验和理论》,程名望、贾晓佳、仇焕广著的《中国经济增长(1978—2015):灵感还是汗水?》,何国俊、王绍达、张炳著的 Watering Down Environmental Regulation in China,倪红福著的《中国出口技术含量动态变迁及国际比较》,杨子晖著的《金融市场与宏观经济的风险传染关系——基于混合频率的实证研究》,姚树洁、张宗益著的 On Regional Inequality and Diverging Clubs: A Case Study of Contemporary China 等6篇著作和论文获得第九届张培刚发展经济学优秀成果奖。

复旦大学经济学院副教授宋弘、北京大学光华管理学院教授翁翕、浙江大学经济学院研究员张川川3位青年学者获得第五届张培刚发展经济学青年学者奖。

与会领导、嘉宾为获奖学者颁奖。

获奖者欧阳峣、姚树洁、程名望、倪红福、杨子晖、张炳、宋弘、翁翕、张川川发表了获奖感言。"科学研究需要长期努力,需要坚持不懈的精神,张培刚先生的精神一直激励着我们不懈地研究。"上海大学经济学院特聘教授、湖南师范大学经济研究中心主任欧阳峣教授称,2007年,他无意中读到张培刚先生所著文章,仔细拜读以后,他觉得张培刚先生提出的"把发展中大国作为发展经济学的重要研究对象"的思路很有意义,并确定以此为研究方向。他表示,在未来的道路上,他和团队会继续深耕该研究领域。张培刚发展经济学青年学者奖迄今最年轻的奖项获得者、1990年出生的复旦大学经济学院副教授宋弘也分享了获奖后对自身未来研究方向的深入思考。她表示,希望在做出实证贡献的同时,努力做出理论性贡献;同时她会不断鞭策自己注重实践、追求真知,在一线实践中真正了解中国经济发展的实际情况。

在颁奖典礼后,"中国式现代化新道路与经济高质量可持续发展"论坛接档举行,张燕生、巴曙松、艾春荣、赵凌云、郭熙保、沈坤荣、方颖、张建华等17位经济学家和青年学者,围绕"中国式现代化新道路"这一核心命题,紧扣"构建新发展格局"这一中心环节,聚焦"共同富裕、绿色发展和高质量可持续发展"三大关键领域进行热烈的讨论交流,带来了精彩的学术分享。

参加活动的还有兄弟高校代表,校友代表,学校职能部门负责人,学院老领导、全体教师、职工和学生代表。

## 第三部分
第九届张培刚发展经济学优秀成果奖、第五届张培刚发展经济学青年学者奖颁奖典礼纪要

# 二
# 华中科技大学党委常委、副校长许晓东致辞

尊敬的各位领导,各位专家学者,各位来宾,老师们,同学们:

大家上午好!

今年是华中科技大学建校70周年,昨天我们刚刚举行了70周年校庆大会,这是学校发展历程中的一件大事。再过几日,我们即将迎接党的二十大胜利召开。在这一重要时刻,我们相聚于此,举行第九届张培刚发展经济学优秀成果奖、第五届张培刚发展经济学青年学者奖颁奖典礼暨"中国式现代化新道路与经济高质量可持续发展"论坛,这是中国经济学界的一场学术盛宴。我谨代表华中科技大学,对获得第九届张培刚发展经济学优秀成果奖的6篇作品的作者,以及获得第五届张培刚发展经济学青年学者奖的3位学者表示最诚挚的祝贺!对莅临本次活动的各位嘉宾表示最热烈的欢迎!也向长期以来关心、支持和帮助华中科技大学发展的各级组织、领导和社会各界朋友表示最衷心的感谢!

华中科技大学在70年的发展历程中,秉承"明德厚学、求是创新"的校训精神,顶天立地、追求卓越,在人才培养、科学研究、文化传承、社会服务等各方面取得了突出成绩,实现了跨越式发展,被誉为"新中国高等教育发展的缩影"。70年来,我们始终与祖国同行,与中国科学界和高教界共进。

改革开放之初,华中科技大学率先在我国理工科大学中开办经济学教育。1992年,为了推动发展经济学的传播和发展,在学校的大力支持下,在我校终身成就奖获得者、发展经济学奠基人张培刚教授的学术威望和人格魅力的感召下,社会各界和他的学生联合发起成立了张培刚发展经济学研究基金会。

弹指一挥间,今天,张培刚发展经济学研究基金会已经"三十而立"。30

年间,张培刚发展经济学研究基金会在推动中国经济学本土创新方面成绩卓著,已发展成为国内重要的学术公益组织。张培刚发展经济学研究基金会搭建并完善了涵盖青年学子和青年经济学者的完整的学术奖励架构,成为经济学界以奖促学、以奖促研的典范,有力地推动了中国经济学的学术繁荣和学术发展。进入新时代,张培刚发展经济学研究基金会正在努力向智库型基金会转型。我们热切期待学界同仁能够继续支持张培刚发展经济学研究基金会的学术活动,不断推动中国经济学本土创新,让中国的发展经济学研究走向世界。

当前,我们身处建设社会主义现代化强国、实现中华民族伟大复兴的历史征程。中国式现代化道路是中国自主发展的必然阶段,也是中国经济学界当前面临的最重要的时代课题。今天,我们隆重举行"中国式现代化新道路与经济高质量可持续发展"论坛,出席论坛的各位嘉宾均是来自全国各大高校的经济学领域专家,对经济高质量可持续发展有着深刻思考和独到见解,希望大家紧密围绕"中国式现代化"这一重大战略,聚焦"经济高质量可持续发展"这一核心目标,通过自主知识体系对它进行更好的理论阐释和经验总结,并据此构建具有中国特色的学科体系、学术体系和话语体系。期待中国经济学家锐意进取,在新时代经济学本土创新中实现更大突破,取得更大成绩,为增强我国哲学社会科学国际影响力做出新的更大的贡献!

今天的论坛也是我们向兄弟高校学习的一次难得的机会,欢迎大家多提宝贵意见,也希望大家一如既往地支持我校经济学科发展和"双一流"建设工作!

最后,预祝本次活动圆满成功!

祝各位与会嘉宾身体健康、工作顺利!

谢谢大家!

# 三

# 张培刚发展经济学研究基金会理事长、北京大学汇丰金融研究院执行院长、中国宏观经济学会副会长巴曙松致辞

尊敬的各位领导,各位来宾,老师们,同学们:

大家上午好!

今天,我们在华中科技大学隆重举行第九届张培刚发展经济学优秀成果奖、第五届张培刚发展经济学青年学者奖颁奖典礼暨"中国式现代化新道路与经济高质量可持续发展"论坛,我代表张培刚发展经济学研究基金会向莅临本次活动的各位领导、各位专家和来宾,表示热烈的欢迎!

七十年前,华中科技大学建校;三十年前,张培刚发展经济学研究基金会成立。七十年来,华中科技大学与共和国同行,与新时代共进,已经发展成为国内一流高校,正在向中国特色、世界一流的高水平研究型大学坚实迈进;30年来,张培刚发展经济学研究基金会情系祖国发展,矢志推动发展经济学和中国经济学的本土创新,已经发展成为海内外具有重要影响力的学术性公益组织,正在努力实现向新时代智库型基金会的重大转型。作为华中科技大学的校友,作为张培刚先生的弟子和张培刚发展经济学研究基金会的负责人,在华中科技大学建校七十周年、张培刚发展经济学研究基金会成立三十周年的双庆时刻,我的心情尤为激动,祝福母校七十华诞!祝福张培刚发展经济学研究基金会三十而立!

回顾学校发展历程,华中科技大学的七十年,是顶天立地、追求卓越、不懈奋斗的七十年;回顾张培刚发展经济学研究基金会的发展历程,这同样是"扎根经济现实,放眼全球发展,服务中国经济"的奋勇前行的三十年。华中科技大学和张培刚发展经济学研究基金会在以高质量的学术创新服务中国

社会经济发展的过程中同频共振,努力实现各自对卓越的不懈追求。毫不夸张地说,如果华科人没有这种远大的抱负,学校不会取得如此辉煌的成绩;如果张培刚发展经济学研究基金会没有这种深厚的历史责任感,也不会获得如此高的学术声望和社会声誉。

在张培刚发展经济学研究基金会看来,经济学家,特别是中国的经济学家应当也必须围绕中国经济发展中的重大现实问题进行深入的研究和创新,放眼全球,把握前沿动态,促进中国的经济发展和学术发展。这是使命,也是担当。早在 20 世纪 90 年代,张培刚先生就大力提倡发展经济学重点研究以中国为代表的发展中大国的经济发展问题。

时至今日,中国经济发展已经取得了辉煌的成就,中国学者围绕中国经济发展进行了一系列研究,产出了大批高质量的研究成果,并且源源不断地为现代经济学提供中国故事、中国模式和中国方案。同时,随着全球经济演变,发展经济学也在不断创新、探索、发展。这种社会经济发展与学术繁荣共进的盛景,正是张培刚先生等老一辈学人所殷切期望的。

我们最为自豪的一点就是,张培刚发展经济学研究基金会始终将自身的发展与中国经济学波澜壮阔的发展历程紧密联系在一起,将自身的发展与发展经济学的创新紧密联系在一起,将自身的发展与中国经济学的人才培养联系在一起。这些年来,获得张培刚发展经济学优秀成果奖、张培刚发展经济学青年学者奖的相关成果和个人,都是在中国经济发展进程中、在经济理论发展进程中涌现的优异之作和成长起来的优选之才。我们基金会奖励和表彰这些成果和学者,就是为了更好地推动中国经济学的本土创新和人才成长,推动发展经济学在新的国际国内环境下的创新发展。这就是我们基金会对"追求卓越"的理解。在此,我也要特别祝贺第九届张培刚发展经济学优秀成果奖和第五届张培刚发展经济学青年学者奖的获奖者,更要祝愿他们在今后的科学研究中取得更大的成绩!

即使是在动荡的环境下,当今世界的首要问题,依然是发展问题,中国面临的首要问题也依然是发展问题。发展,意味着我们要探索新的经济发展规律。面对世界百年未有之大变局,面对中华民族伟大复兴的历史使命,面对包括中国在内的多个国家对现代化新道路的探索,当代经济学家特别是中国经济学家既有光荣使命,更是责任重大。因为我们面对的环境和追求的目标,都对我们提出了更高的挑战和要求。

我们热切地期待我们的学术同仁,能够像张先生在20世纪40年代撰写其发展经济学奠基之作《农业与工业化》那样,以深厚的报国情怀,以宽宏的前瞻性国际视野,以扎实的学术研究,以锐意进取的学术姿态,在发展经济学中不断产出高质量的创新成果!如果我们的成果不仅推进了现代经济学特别是发展经济学的理论创新,还在实践中为中国和世界的发展贡献了中国智慧,那我们就无愧于伟大的祖国,也无愧于伟大的时代!

再一次向今年的张培刚发展经济学优秀成果奖和青年学者奖的获奖者表示热烈祝贺!

也预祝"中国式现代化新道路与经济高质量可持续发展"论坛取得圆满成功!

谢谢各位!

## 四
## 张培刚发展经济学研究基金会副理事长、华中科技大学经济学院原院长徐长生宣读颁奖词

各位领导,各位来宾:

首先,请允许我代表华中科技大学经济学院和张培刚发展研究院,欢迎各位莅临此次颁奖典礼。受张培刚发展经济学研究基金会学术委员会的委托,我很荣幸地向大家介绍此次获奖情况。

第九届张培刚发展经济学优秀成果奖获奖作品包括一本专著和五篇论文。

(1) 欧阳峣主笔撰写的著作《大国发展道路:经验和理论》系统研究了发展中大国经济发展问题,总结发展优势、发展型式和转型道路,丰富和发展了发展经济学理论,为发展中大国实现从经济大国到经济强国的发展目标提供了有益的借鉴。

(2) 程名望、贾晓佳、仇焕广合作撰写的论文《中国经济增长(1978—2015):灵感还是汗水?》提出了双轮驱动的中国经验和中国模式,对中国经济增长的内在动因进行了新解释,系统分析论证了市场化改革对中国经济增长的重要作用。

(3) 何国俊、王绍达、张炳共同撰写的英文论文 *Watering Down Environmental Regulation in China* 深入分析了水质监测对全要素生产率的影响,揭示了分散执行和政治激励下地方政府的策略性行为以及环境治理的经济成本,为环境政策目标的设计与制定提供了科学支撑。

(4) 倪红福撰写的论文《中国出口技术含量动态变迁及国际比较》构建了基于生产工序的技术含量新测度方法,利用全球投入产出模型测算了中国

和其他国家贸易出口的技术含量,并考察其变动趋势,为我国未来对外贸易的发展提供了有益的理论借鉴。

(5) 杨子晖撰写的论文《金融市场与宏观经济的风险传染关系——基于混合频率的实证研究》聚焦中国金融市场与宏观经济间的风险传染关系,刻画金融风险对不同经济部门的冲击力度与传导机制。这一研究深化了我们对复杂条件下风险的表现和传导机理的认识,对宏观调控方式的改进和完善有参考借鉴价值。

(6) 姚树洁、张宗益合作撰写的英文论文 *On Regional Inequality and Diverging Clubs: A Case Study of Contemporary China* 研究了中国自改革开放以来出现的地区不平等问题,为理解中国各地区人均产出的收敛和分化提供了重要的理论解释和实证检验,对于不断推进中国区域经济协调发展具有重要的参考价值。

评审委员会认为本次获奖的一本著作和五篇论文均立足学术前沿,致力于研究中国经济发展中的重大问题,为推动发展经济学研究、促进经济理论创新做出了突出贡献。

第五届张培刚发展经济学青年学者奖的获得者包括三位年轻学者。

(1) 宋弘,1990年出生,新加坡国立大学经济学博士,现为复旦大学经济学院副教授,围绕中国经济发展中人力资本与劳动力市场相关问题,重点关注经济发展与转型中人力资本投资和劳动力市场配置效率等关键领域,为我国人力资本优化与社会保障体系健全提供了有益的建议。

(2) 翁翕,1983年出生,美国宾夕法尼亚大学经济学博士,现为北京大学光华管理学院教授,围绕信息经济学基础理论和应用,特别重视将理论研究与中国经济发展、经济史、产业经济学等多领域的重大问题结合,为中国经济发展中政府作用的优化改进提供了科学依据。

(3) 张川川,1985年出生,北京大学理论经济学(发展经济学)博士,现为浙江大学经济学院研究员,在发展经济学、劳动经济学前沿领域,围绕中国经济发展中的养老、医疗、教育和就业等重大民生问题产出了一系列高水平研究成果。

评审委员会认为本次获奖的三位青年学者立足学术前沿,致力于学术创新,在各自的领域取得了突出成绩,具有很大的发展潜力,展现了中国青年经济学家的良好风貌。

特此表彰。

再次向各位获奖者表示祝贺!

## 五
## 第九届张培刚发展经济学优秀成果奖获奖者获奖感言

### (一) 欧阳峣发表获奖感言

各位专家,各位老师、同学:

很高兴再次来到华中科技大学,我们的著作《大国发展道路:经验和理论》获得第九届张培刚发展经济学优秀成果奖,我感到非常荣幸,这是对我们长期研究大国经济发展问题的最大鼓励。首先,衷心地感谢张培刚先生启迪了我们对大国发展经济发展问题的研究,感谢张培刚发展经济学研究基金会和评奖委员会的"专家对我们"研究成果的肯定和支持!

爱因斯坦说过:提出问题往往比解决问题更有意义,因为解决问题也许是实验上的技巧,提出问题则需要创造性的想象力。记得2007年在中央党校学习的时候,我在求是书店看到了张培刚先生主编的《新发展经济学》,仔细拜读后,觉得先生提出的"把发展中大国作为发展经济学的重要研究对象"的命题,对于中国发展经济学的创新发展具有重大的意义。我从先生提出的思路中受到启发,开始把发展中大国经济发展问题作为我和我的团队的主要研究方向。

做学问不仅需要长期的知识积累,还需要持之以恒的精神。从2005年我们提出"大国综合优势"以来,我和我的团队一直坚持在大国经济发展领域做研究,我们先后探讨大国供需均衡、大国内生能力、大国综合优势,研究大国发展经济学的逻辑体系以及相应的战略思路。现在,我们开始探讨新兴大国技术创新的市场规模陷阱,以及新兴大国利用"多极雁行"格局重构全球价值链的问题。

我们遵循张培刚先生提出的思路做学问。张培刚先生的精神激励我们坚持不懈地创造性地做学问。在未来的道路上,我和我的团队将继续在大国经济领域耕耘,也希望各位同仁继续支持我们。谢谢大家!

### (二) 程名望发表获奖感言

尊敬的各位领导、专家,女士们、先生们:

早上好!

非常荣幸能够获得第九届张培刚发展经济学优秀成果奖。请允许我代表论文合作者——上海财经大学贾晓佳助理教授和中国人民大学仇焕广教授——向评审委员会各位评委给予我们这一殊荣表示深深的感谢!也对华中科技大学建校70周年华诞表示衷心的祝贺!

首先,我们向张培刚前辈致敬。张培刚先生是我国具有国际影响的老一辈著名经济学家,为发展经济学的创立和发展做出了卓越的贡献。早在读硕士研究生的时候,我就研读过他的经典论著《农业与工业化》。该论著系统探讨了农业国家或经济落后国家如何实现工业化和经济发展问题,是我从事农业经济学和发展经济学研究的启蒙著作之一。张培刚先生严谨的治学精神、宏大的研究视野和对祖国深深的爱,是我们后辈永远的榜样。

张培刚先生探索的农业国工业化问题,其实质是对中国实现国富民强、民族腾飞的渴望。改革开放40多年来,如张老所愿,中国创造了举世瞩目的增长奇迹,一跃成为世界第二大经济体。近年来,随着中国经济进入"新常态"阶段,经济增速放缓,国内外对中国经济能否保持快速增长充满争论,其实质是对中国能否实现从发展中国家到发达国家的跨越的质疑。实际上,早在1994年,美国经济学家保罗·克鲁格曼就对中国等东亚国家的经济腾飞表示怀疑,认为中国等东亚国家的经济增长主要是通过大规模的资本积累和密集的劳动力投入的"流汗方式"获得的,不是通过技术进步和效率提升的"灵感方式"获得的。从长期看,东亚经济体的经济增长难以保持可持续性,终究会崩溃,这就是著名的"克鲁格曼质疑"。

本次获奖的论文尊重改革开放以来实现增长奇迹的中国事实,在大国经济和区域经济发展不平衡的基本国情下,充分考虑区域间的空间相关性,通过实证分析中国经济增长的动力和源泉,对"克鲁格曼质疑"做出了回答。论文的贡献和创新主要有三个方面:第一,在经济增长放缓和进入"新常态"阶段的背景下,通过剖析改革开放以来中国经济增长的源泉,对"克鲁格曼质疑"做出回答,既有利于进一步认清中国经济增长模式的本质和源动力,也有利于对中国经济能否保持快速增长,乃至对中国经济的未来是乐观还是悲观做出解读,具有重要的现实意义;第二,基于新经济地理学,充分考虑空间相关性对经济增长的影响,在建立的空间计量模型中引入"市场潜能"这一能够考察区域间经济增长溢出效应的指标,从而使得我们能够"估计"中国区域经济增长中空间溢出效应的大小及其对中国整体经济增长的贡献,同时,也更适合分析大国经济和区域发展不平衡的中国事实,能更全面地剖析中国不同区域经济增长的特征和源泉差异;第三,空间相关性的实质是基于"看不见的手"的资源和商品在不同区域间的优化配置与流动,考虑空间相关性是对改革开放以来制度改革和市场化推进促使区域间壁垒消除乃至建立统一市场对中国经济增长重要性的论证,为认识市场化改革对中国经济增长的作用提供重要的实证论据。

本研究的核心结论是:中国经济增长是高投入增长和高效率增长共同作用的结果,依赖于"汗水"与"灵感"的双轮驱动,且越来越依赖于"灵感"。该结论并不支持"克鲁格曼质疑",且认为由于技术进步、人力资本提升、制度改革与市场化推进促使资源和商品在区域间的优化配置等"灵感"因素增强,因此中国经济增长是可持续的。

最后,再次感谢张培刚发展经济学研究基金会对我们研究成果的肯定和鼓励,也感谢组委会细致周到的服务!我们一定以张老为榜样,继续努力,跟全国人民一起迎接一个更加美好的中国!

祝大家身体健康,万事如意!

### (三)张炳发表获奖感言

各位领导、专家,女士们、先生们:

早上好!

我是来自南京大学环境学院的张炳,首先非常荣幸能够获得第九届张培刚发展经济学优秀成果奖。请允许我代表论文合作者——香港大学的何国俊教授和芝加哥大学的王绍达教授——对本届张培刚发展经济学奖的各位评委给予我们这一殊荣表示深深的感谢!两位教授非常遗憾不能亲临现场。

张培刚先生是具有世界影响力的著名经济学家,他提出的农业国家如何实现工业化和经济发展的理论至今影响着世界的发展。他立足中国、面向世界,以严谨的科学态度和规范的经济学方法探讨重要经济现象和问题的理念,一直影响着我们对发展经济学重要问题的探索。随着中国工业化进程的加快,发展过程中的环境污染问题越来成为制约经济发展的重要因素,如何处理好环境保护和经济发展之间的关系正是我们研究的出发点。

环境问题归根结底是发展问题。环境监管的经济成本受到学术界的广泛关注,尤其是环境监管对企业生产率的影响一直以来是环境与发展经济学的热点话题。现有关于环境监管对企业生产率影响的研究大多集中于发达国家,并且由于存在数据与识别方面的困难,缺少水污染监管对企业生产率影响的因果效应评估。水质监测站的数据只能反映其上游水质,而下游的水质无法影响监测点的读数,于是我们利用水质监测站上下游企业面临的环境监管的差异,通过断点分析方法来识别环境监管对全要素生产率的影响。

研究发现,对于处于水质监测站上游的污染排放行业企业,其全要素生产率较处于下游的企业平均低 24% 左右,且距离监测站越近,效果越明显,而对于非污染行业,我们并没有发现上下游全要素生产率的显著差异。这一效率损失只有在政府明确地将官员晋升与水质读数相联系时才会出现。进一步的机制检验分析表明,在面临严格的环境规制时,企业需要投入更多的劳动力和资本来实现减排,但是增加的劳动力和资本不一定对产出有直接贡献,这将导致更加严格的环境规制,造成企业全要素生产率的降低。

本研究具有重要的理论和现实意义:第一,本研究所揭示的分散执行和政治激励下地方政府的策略性行为不局限于环境政策的执行方面,这对未来的公共政策与政治激励的设计提供了重要的启示;第二,基于本研究得到的环境治理的经济成本可以为环境政策目标的设计与制定提供科学支撑,从而更全面地考虑社会经济成本和收益,进行环境政策的优化,更好地实现环境政策的成本效益。

由于研究问题的重要性,该论文引起了国际学术界的广泛关注。该论文在 2020 年发表于国际顶级期刊《经济学季刊》(QJE)上,当年就获得了 148 次引用,在环境经济学和发展经济学领域产生了一定的影响。

最后,再次感谢张培刚发展经济学研究基金会和各位评审对我们研究成果的肯定和鼓励!我们将在环境和发展这一领域继续探索,用科学的、世界的语言,讲好中国故事!也祝大家身体健康,万事如意!

## （四）倪红福发表获奖感言

尊敬的各位领导、各位老师和各位同学：

大家上午好！

非常荣幸！非常高兴！我的独作文章获得第九届张培刚发展经济学优秀成果奖。这对于一个年轻学者来说是至高无上的学术荣誉。当然，这既是鼓励也是鞭策，我将更加努力，做出更有影响力的成果。

首先，非常感谢张培刚发展经济学研究基金会，感谢华中科技大学经济学院，感谢各位评委对我的支持和厚爱。张培刚先生是国际发展经济学领域的奠基人，是发展经济学的一代宗师。让我倍感亲切的是，张培刚先生第一份工作单位中央研究院社会科学研究所，是中国社会科学院经济研究所的前身。张培刚先生1934年从武汉大学毕业，进入中央研究院社会科学院研究所工作，从事了长达6年的农村基层经济调查研究，积累了有关农村经济发展的原始材料，为其撰写《农业与工业化》奠定了基础。张先生为人民做学问的家国情怀、重视调查研究方法的态度，是中国社会科学院经济研究所的优良传统，值得我们晚辈学习和追求。

其次，我的获奖论文《中国出口技术含量动态变迁及国际比较》是我在《经济研究》发表的第一篇文章，也是第一篇独作文章。在当前全球价值链时代，传统出口技术和结构的测度方法已经不能真实地反映贸易出口技术含量和结构变迁，而应对产品生产过程中各具体生产工序（阶段任务）的技术含量进行科学测度。论文构建了一种基于生产工序的技术含量的新测算方法。该方法主要借鉴了贸易增加值核算、隐含要素和隐含污染物的测算原理，克服了传统出口技术水平和结构测度方法的主要缺陷。文章借鉴了张培刚先生在《农业与工业化》一书中提到的Leontief（博士论文答辩委员）的投入产出方法。这也是我一直深入耕耘的研究方法，并将这一方法应用于全球价值链测度。我深刻地体会到做学问需要做到以下两点。一是一以贯之、持之以恒，深耕某一领域。学习一定要学到底，学习最忌讳的是"不到底"。自己懂了一点就满足了，认为不需要再学习了，这种满足感是我们学习过程中的最大敌人。只有学到骨子里去、追根溯源，才能有新体会、新想法。只有持之以恒、学习到底，才可能在一个领域产出有价值、有影响力的成果。二是"多读使人广博，多写使人准确"。这是英国大哲学家弗朗西斯·培根的名言，也是张培刚先生的求学座右铭。它对我的启发非常大。我阅读了大量文献,做了大量的学术笔记,写了一系列文章,我深深体会到,只有将所想所思写出来,才会深入思考、严密论证、准确表达。

最后,再次感谢张培刚发展经济学研究基金会。因为我的论文是独著,是偏理论模型和研究中国问题的文章,所以我的获奖可能传递这样一个信号——鼓励年轻学者独立做完整体系、偏理论的研究,将论文写在祖国大地上,用现代经济学、科学的方法研究中国问题,讲好中国故事。

谢谢大家!

### (五)杨子晖发表获奖感言

尊敬的各位嘉宾、各位领导、各位老师、各位同学:

大家好!

首先,祝贺华中科技大学70周年华诞!非常荣幸能够获得第九届张培刚发展经济学优秀成果奖。获此殊荣,对我意义重大,更让我不敢懈怠。在此,要感谢华中科技大学和张培刚发展经济学研究基金会,衷心感谢各位老师、朋友一直以来的帮助、支持与鼓励,感谢筹备此次颁奖典礼的所有工作人员。武汉是座英雄的城市,2020年,武汉人民用实际行动诠释了伟大的抗疫精神,今天有幸借此机会来到这座城市,感受它独有的生命力与英雄气质,让我感到无比激动,并深受鼓舞。

早在20世纪40年代,张培刚先生就在著作《农业与工业化》中探索了发展中国家特别是中国的现代化之路。其中的真知灼见启发了众多经济学者。作为世界发展经济学的奠基人、华中科技大学经济学科的创始人之一,张培刚先生不仅产出了举世瞩目的研究成果,更为后辈留下了宝贵的精神财富。纵使经历坎坷,张培刚先生始终保持赤子之心,他在85岁成为博导,在93岁仍领衔国家社会科学基金重大项目。他曾说:"个人命运的沉浮是难以驾驭的,是社会历史规律导致的。我的人生感悟,关键在于需有所作为。"可以说,一代学术大师张培刚先生的学术生涯,真正诠释了"不忘初心,方得始终"的要义。"需有所作为"的告诫,也时刻激励着包括我在内的每一位经济学者。

80年后的今天,中国已经走出了一条具有中国特色的社会主义经济发展道路。立足现实国情、科学总结历史经验、构建中国特色的理论体系,是时代赋予每一位经济学工作者的重要使命。

当前,世界百年未有之大变局与世纪疫情交织,全球经济复苏乏力,国际大宗商品市场、资本市场系统性风险事件频发,经济金融安全已经成为发展中国家面临的共同挑战。在此背景下,如何构建适合于我国的金融风险防范体系,是经济学界急需解决的现实问题,这也是本篇获奖论文的研究出发点。

有鉴于此,在我国外部环境和内部条件发生深刻变化的背景下,本文考察了我国金融市场与宏观经济间的传染关系与作用机制,为完善与高质量发展相适应的宏观调控体系,提供了针对性的建议。本文的研究表明,我国金融市场与实体经济紧密相连,金融风险易对宏观经济造成显著冲击,我国金融市场是风险冲击的净输出方,而所有宏观经济部门均为风险冲击的净输入方。与此同时,金融风险是消费、投资、利率、货币和消费者信心等变量出现明显变动的原因,而利率、货币等宏观部门的波动也会经由信贷渠道、观望理论等传导途径,对金融市场产生反馈作用。

值得强调的是,论文对混频模型的应用也是在系统性金融风险领域的一次有益拓展。长期以来,如何突破宏观经济部门与金融市场数据频次不匹配的状况,一直是一大难题。而本文所采用的混频模型为克服这一困扰做出了积极的尝试。

本文的研究不仅有助于完善系统性金融风险的防控体系,深化对金融与实体经济关系的统筹认识,而且有助于构建实体经济与金融市场良性互动的发展机制,缓释系统性风险在二者间的溢出冲击。

现阶段,在全面建成社会主义现代化强国的新征程上,我国正经历着广泛而深刻的社会变革。对此,习近平总书记指出,社会大变革的时代,一定是哲学社会科学大发展的时代。因此,在中华民族伟大复兴这一关键时期,作为哲学社会科学工作者,我将继续以高度的政治责任感与历史使命感,深耕中国的经济金融理论与实践,传承张培刚先生"经世济民"的学术精神,做出"立足中国、面向世界"的高水平学术成果,在新文科建设的背景下,为构建中国特色经济学理论体系,贡献自己的力量。

最后,再次感谢张培刚发展经济学研究基金会所有评审老师的鼓励!谢谢大家!

### (六)姚树洁发表获奖感言

各位领导、专家和嘉宾:

大家好!

获得张培刚发展经济学优秀成果奖是我人生中的一件大事,非常感谢张培刚发展经济学优秀成果奖评选委员会、张培刚发展经济学研究基金会给我这个机会和荣誉。感谢张建华院长和华中科技大学经济学院各位老师的大力支持和辛勤付出。我们今天隆重举办颁奖仪式和学术论坛,旨在发扬光大张培刚先生一生为之奋斗的发展经济学事业,为建设中国特色社会主义现代化强国注入新的学术研究动力。

张培刚先生生于我国封建社会和民主革命交替的时代。数千年的农业大国如何在民主革命条件下实现工业化,是张培刚先生青年时期学习和研究的焦点。他出生于落后、战乱的中国农村,16岁考取国立武汉大学(现在的武汉大学),攻读学士学位,之后在中央研究院社会科学研究所工作。1941年,他以优异的成绩考取哈佛大学,攻读经济学硕士、博士学位,1945年完成的博士论文《农业与工业化》,成为他一举成名的经典之作,并获得哈佛大学优秀博士论文和大卫·威尔士奖。

获得博士学位以后,张培刚先生毅然回国参与国家的革命与经济建设,先是回到武汉大学任教,1952年参加华中工学院(现在的华中科技大学)的筹建工作。他为武汉地区两所全国重点大学的经济学科发展奉献了一生。他不仅培养了大批著名的中国经济学者,还把我国发展经济学研究推向世界前沿,成为我国名副其实的"发展经济学之父"。

今天我们欢聚一堂,不仅是为了缅怀这位伟大的发展经济学家,更是为了学习他持之以恒的学习和研究精神,学习他脚踏实地的工作作风和艰苦朴素的生活品质,学习他耐心培养国家栋梁和平易近人的高尚情操,学习他为了真理而不怕艰难险阻的爱国主义情怀。

获得张培刚发展经济学优秀成果奖,对我来说不仅是一种鼓励,更是一种传承与鞭策。我希望自己学习张培刚先生终生奋斗的精神,为推进我国发展经济学研究和人才培养贡献微薄之力,为让张培刚先生的科研精神焕发新时代的生命力而不懈奋斗。

最后,祝本次颁奖活动和学术研讨会圆满成功。

祝各位领导、专家和嘉宾事业更上一层楼、身体健康、家庭幸福。

祝张培刚先生的精神永远散发中国智慧的光芒。

谢谢大家!

# 六
## 第五届张培刚发展经济学青年学者奖获奖者获奖感言

### （一）宋弘发表获奖感言

尊敬的各位领导和老师：

大家好！

我是复旦大学的宋弘，非常幸运有机会获得这份荣誉，也非常抱歉基于个人身体原因，无法来到颁奖典礼现场，希望以后能有机会去华中科技大学拜访各位老师与前辈。

首先，我想感谢华中科技大学和张培刚发展经济学研究基金会提供的机会和平台，感谢评审委员会专家对我的肯定和认可。这份珍贵的荣誉会一直激励着我在学术和人生道路上坚持不懈、追求卓越。

其次，我想感谢我的推荐人——复旦大学经济学院的张军教授和陈诗一教授。感谢张老师和陈老师多年的悉心指导、合作与支持，这也让我有机会更深刻地认识中国经济，并尝试探索其发展规律。我也要感谢我在新加坡国立大学就读博士期间的导师陆毅教授。陆老师多年来悉心指导，对于我学习研究能力的培养起到了至关重要的作用。

我还要特别感谢母校复旦大学。复旦大学经济学院许多老师与前辈多年来致力于中国经济重要问题研究，并为年轻学者搭建了很好的学习平台。我的许多研究也是在老师与同事的指导与合作下完成的。如果没有他们的一路同行，我的大部分成绩都是不可能取得的，感谢母校和老师让我有机会站在巨人的肩膀上，眺望远处的风光。

我在读博期间就学习过张培刚先生的著作与理论，近期我更加深入系统地学习了张先生的思想，并在张先生思想的指导和精神的鼓励下，就自己未来的研究方向，进行了深入的思考和规划，也想借此机会与各位分享。

第一,在大量实证研究的基础上,注重对经济学一般理论的提炼。从中国发展的实践、政策、现象出发,总结经济发展中的一般逻辑,并提炼出有中国特色的经济学理论,在做出实证贡献的同时,争取做出一些理论性的贡献。

第二,注重实践,追求真知。近二十年来,国内经济学研究方法论和微观应用数据取得了巨大的进步,也为我们年轻学者提供了很好的研究机会。在此基础上,未来我希望自己能更多地参与一些实地调研走访工作,通过一线调研真正了解中国发展经济的实际情况,这也是对张培刚先生品质和精神的实践。

以上就是我的一些粗浅的认识,供各位老师和前辈批评指正。

最后,再次感谢华中科技大学和组委会,祝愿张培刚发展经济学研究基金会越办越好!谢谢大家!

### (二)翁翕发表获奖感言

尊敬的张培刚奖颁奖典礼嘉宾,我是来自北京大学光华管理学院的翁翕。非常遗憾,因为疫情我无法参加线下的颁奖活动,期待未来有机会与各位嘉宾进行面对面的学术交流。

能获得以中国发展经济学泰斗张培刚先生命名的这个奖,我最想说的一个词就是"感恩"。首先,感谢张培刚发展经济学青年学者奖评审委员会对我的学术成果的认可。其次,我特别想感谢我本科的发展经济学授课老师北京大学经济学院的叶静宜教授和我的硕士导师北京大学中国经济研究中心的林毅夫教授,是他们把我带入了发展经济学的殿堂。也正是通过他们,我了解了张培刚先生在发展经济学上的奠基性贡献。张先生的家国情怀也一直是激励我在经济学领域进行探索的动力。

这里还有个小插曲。我读硕士时跟着林毅夫老师做经济增长理论方面的研究,2006年去美国宾夕法尼亚大学留学时,我开始把经济增长作为未来的研究方向,结果在美国宾夕法尼亚大学高级宏观经济学的第一堂课上,授课老师就说:"Growth theory is dead。在座学生想研究增长理论的可以尽早退学了。"意思就是经济增长理论已死,没有必要再做这方面的研究了。这个故事也体现了发达国家和发展中国家经济学家对经济发展截然不同的态度。因为这个插曲,我选择了与我之前从事的经济增长理论最接近的微观经济理论作为研究领域(因为这两个领域都是理论研究,需要大量的数学推导)。

2011年我博士毕业后入职北京大学光华管理学院,兜兜转转一圈之后又开始了对发展经济学和中国经济的研究。这就要提到我今天想特别感谢的最后一位老师,也是我北京大学光华管理学院的同事周黎安教授。在周老师的带动下,我们共同研究过去40年,地方分权、区域竞争和官员激励在中国经济高速增长过程中发挥的重要作用。特别是我们将信息经济学和组织经济学中的契约理论、锦标赛理论、机制设计等理论与中国的政府治理实践相结合,提炼出具有中国特色的经济发展模式。近些年来,我也不断尝试将自己所擅长的理论建模与中国经济中的有趣现象相结合,用理论结合实际的方式讲好中国故事。

最后,借此机会再次感谢张培刚发展经济学青年学者奖评委会的垂爱,我也希望在张培刚发展经济学研究基金会的带动下,有更多的学者一起来挖掘有趣的中国发展现象,大家一起在国际学术舞台讲好中国故事。

谢谢!

### (三)张川川获发表奖感言

尊敬的各位前辈、各位领导,老师们、同学们:

大家好!

非常遗憾,因为疫情我无法到现场参加颁奖典礼。首先,我感到非常荣幸,能够获得以备受尊崇的张培刚先生名字命名的发展经济学青年学者奖,这对我本人以及我今后的研究工作都具有非常重要的意义。我最早接触发展经济学是在大学本科二年级,当时我学习了发展经济学这门课程。也是在那个时候,我了解了发展经济学的奠基人张培刚先生,了解了他的人生经历和学术思想。从那个时候开始,我对中国农村发展问题一直有浓厚的兴趣,当然,这跟我本人生于农村、长于农村也有很大的关系。我还记得在学习发展经济学课程的时候,写了一篇讨论农村经济发展的小文章。这篇文章获得了学院组织的学术论文比赛的二等奖,是那一届唯一获奖的本科生论文。斯人已逝,但是张培刚先生的学术思想和传奇经历,仍将激励我们青年一代在发展经济学领域进行学术探索。

其次,非常感谢张培刚发展经济学研究基金会以及担任奖项评委的各位前辈对我的支持和厚爱。我是本土培养的经济学博士,成长于国内经济学研究快速国际化的进程中,在追求本土化、规范化、与国际化相结合的研究方面,我一直在摸索着前行。我认为社会科学研究一定要为国家的社会经济发展服务,而发展的根本目的是增进民生福祉。从事研究工作以来,我一直关注养老、医疗、教育、就业等民生领域的相关问题,坚持做基于实际经济数据的经验研究,也是希望秉承老一辈学者"求真务实、经世济民"的治学精神,尽己所能,为社会经济发展做一点点贡献。我所做的工作能够得到各位评委前辈的认可,对我而言是非常大的鼓励。

再次,我想感谢我的老师、同学、同事,还有我的学生们。他们对我的研究工作给予了很大的支持。我的很多研究是与我的研究生同学和学生们合作开展的,没有他们,我不可能拥有现在的成果。我从他们身上学习到很多,我的两位研究生同学黄炜和马光荣获得了第三届张培刚发展经济学青年学者奖,他们都是我研究的合作者,也是我学习的榜样。我还想特别提到我的导师赵耀辉教授,她是一位非常纯粹的学者,将全部精力投入学术研究。她十年如一日,组织开展大型社会调查,为学术界提供公共品,长期从事与老年人口、妇女儿童等弱势群体的福利相关的研究,无论是学术追求还是研究兴趣,我都深刻地受到了赵老师的影响。

还要感谢华中科技大学和张培刚发展经济学研究基金会组织这次活动。在疫情期间,组织这样的活动非常不容易,衷心感谢各位的辛苦工作!

最后,谢谢大家!

# 第四部分 "后小康时代的中国经济发展"论坛学术报告

# 后小康时代我国新发展的机遇

姚树洁[①]

我的演讲题目是老老实实地按照这个论坛的主题来的——《后小康时代我国新发展的机遇》。因为最近我们在研究新时代背景下,发展的新理念、发展的新问题应该怎样解读,所以我会从这个视角来讲这个主题。在演讲之前,我首先感谢华中科技大学经济学院的邀请,给我这个机会跟大家分享个人的想法。这个想法不是非常严谨的科学研究,只是一个系统的观点。

我今天要讲的是在后小康时代,我们怎样看待国家的发展趋势以及与之相应的策略。我将从四个方面来讲。第一,提出一个从非均衡发展演变为协调发展的发展路径,并用它来刻画中国过去40年和未来30年发展的动态变化的时间轴。第二,介绍新时代的协调发展、双循环发展以及两者之间的必要联系。第三,介绍后小康时代中华民族伟大复兴中国梦的具体内容。第四,基于李实老师的演讲内容,从我的视角进行补充和总结。

我认为中国40多年的改革开放可以分为两个阶段,第一个阶段是区域城乡与人之间的非均衡发展,这个是基于我最近在《中国社会科学报》看到的一篇文章而产生的想法,也是一个新的提法,也就是改革开放的前25年或者30年,应该用非均衡发展的特征来描述。进入21世纪后,特别是党的十八大以后,我国经济发展进入新常态,应该用协调发展来描述。

在非均衡发展阶段,即1978年到2008年这一段时间,我国的经济增速显著,其主要原因是当时中国的经济基础比较薄弱,增长速度就显得比较快。而且当时我们的中央政府和地方政府也一再地强调速度,因为当时我们穷,

---

① 重庆大学经济与工商管理学院教授。

要解决基本的需求问题和温饱问题,速度当然是越快越好。然而,这个时候也存在一些环境污染的问题,甚至由于一些不规范操作,出现了结构性腐败。另外一个原因是当时人口红利非常大,中低端制造的市场资源"两头在外",为中国提供了巨大的发展区间。我们是以扶持区域非均衡发展促进高速度发展为基本特征的,这个基本特征不是我凭空捏造的,而是整理数据发表一系列文章后得出的结论。如表1所示,从1979年到2003年这25年间,我国人均GDP增长接近10%,其中,东部地区比中部地区高出1.67个百分点,比西部地区高出2.12个百分点。长期这样的发展导致我国形成了一个三阶"瀑布"型经济发展格局,也就是从东部向中部再向西部逐阶下降的空间态势,从而形成了一个区域发展不均衡的结构。这种不均衡的结构加上交通基础设施和通信阻隔,使这三大区域看起来就好像形成了三个明显的经济增长"俱乐部"。三大区域之间差异很大,再加上城乡差异和人均收入水平差异,在我国GDP持续高速增长的同时,我国居民人均可支配收入基尼系数一直居高不下。

表1 1979—2003年中国经济增长(1990年价格,单位:元)

| 地 区 | 人均GDP | | | 年增长率(%) | | |
| --- | --- | --- | --- | --- | --- | --- |
| | 1979年 | 1992年 | 2003年 | 1979—1992年 | 1992—2003年 | 1979—2003年 |
| 东部地区 | 877 | 2768 | 8961 | 9.24 | 11.27 | 10.17 |
| 中部地区 | 633 | 1573 | 4489 | 7.25 | 10.00 | 8.50 |
| 西部地区 | 514 | 1364 | 3292 | 7.80 | 8.34 | 8.05 |
| 全部地区 | 711 | 2036 | 6151 | 8.43 | 10.57 | 9.41 |

从出口带动来讲,出口带动是跟区域附近发展密切相关的。我国90%以上的吸引外资和出口都集中于东部地区,导致发展到一定阶段,经济持续增长遇到了阻力(见图1)。从消除贫困来讲,我国经济增长出现了非常明显的减贫效应,这种减贫效应说明经济增长确实能够让最穷的人得到好处。所以,如图2所示,中国贫困发生率之前比非洲贫困发生率要高,也比全球贫困发生率要高,从1993年开始低于非洲贫困发生率,到了2003年开始低于全球贫困发生率。精准脱贫的政策实施后,我们现在是彻底地控制住了绝对贫困的发生率。

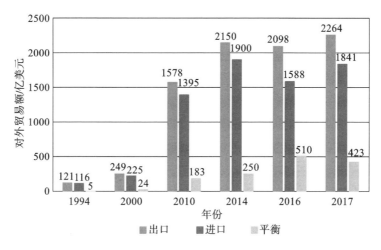

图1 出口带动遇到阻力

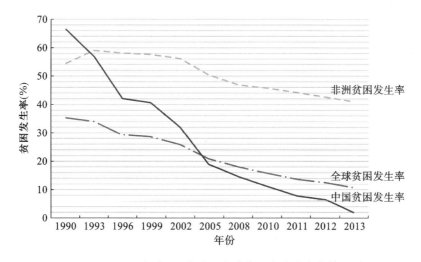

图2 1990—2013年中国、非洲及全球贫困发生率变化情况对比

协调发展最典型的分水岭就是2012年。虽然之前的几年已经开始协调发展,但政府还没有大力提倡。协调发展期间的GDP增长速度告别了两位数,从不到8%到现在的6%左右。我估计今后要保持在6%也比较难,但是中国的经济还是倾向于均衡发展,主要是因为内部有压力、人口红利缩小、人口老龄化、要素价格攀升、污染严重、区域城乡收入差异过大等。这也是中国社会转型升级、提高均衡增长率、给更多的老百姓带来好处的一种政策性选择。

第四部分  "后小康时代的中国经济发展"论坛学术报告

从外部因素来讲,2008年的金融危机、2010年的欧洲债务危机、2020年和2021年的全球新冠疫情大流行所造成的综合性全球性环境,再加上美国"单边主义"抬头,试图霸凌全世界,使全球政治地缘发生了根本性变化。我国不得不认真审视原来非均衡发展的路径,探索区域协调、均衡发展的新路径。我国要实现区域城乡协调发展,减少差异,并在减少差异的过程中释放全域性、全国性、全要素性发展潜能,从而提高我国经济做大、做强、做优的能力。这个发展结果还是比较可喜的,比如东部地区人均GDP的比值从2001年的1.56下降到了2020年的1.32,中部地区人均GDP的比值从2001年的0.70上升到2020年的0.83,西部地区人均GDP的比值从2001年的0.60上升到2020年的0.77(见表2)。也就是说,原来三个区域之间不可逾越的经济差异正在被打破。

表2  各地区人均GDP与全国平均人均GDP的比值

| 区域 | 2001年 | 2010年 | 2015年 | 2020年 |
| --- | --- | --- | --- | --- |
| 东部 | 1.56 | 1.43 | 1.36 | 1.32 |
| 中部 | 0.70 | 0.80 | 0.80 | 0.83 |
| 西部 | 0.60 | 0.67 | 0.74 | 0.77 |

来源:中国国家统计局,作者整理。

图3展示的是全国及区域城市人均GDP基尼系数变化趋势。可以看到,截至2019年,这个基尼系数是在不断下降的。尽管经济增速放缓,但是因为基数提高了,所以我国在全球的地位也提高了,这就又涉及双循环的逻辑。在外部循环上,我们的政绩和力量是在不断提高的。如图4所示,尽管2019年的经济增长速度下降到了6.1%,但是经济总量是直接飙升的,也就是说,我国的GDP占全球GDP的比重在提高,我国与同步发展中国家的距离在拉大。中国走在前面,与发达国家之间的距离在持续缩小。这三个维度证明中国进入了稳定高速发展阶段,中国在全球政治经济关系里的地位是在逐渐提升的。

但是,从内外循环方面来讲,我认为大型的开放经济体不可能长期维持市场和资源"两头在外"的局面。这是因为我们的"分子"很难做大,中国发展得快,甚至世界市场都跟不上我们经济和贸易的速度,但是我们的"分母"是在不断扩大的,所以近些年我们的对外贸易依存度不断下降(见图5)。对外

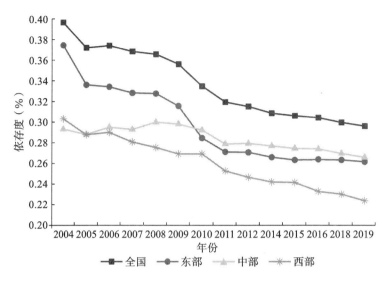

图3 全国及区域城市人均GDP基尼系数变化趋势

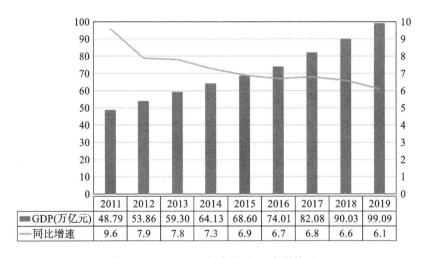

图4 2011—2019年中国GDP发展情况

贸易依存度下降意味着更多的经济可持续发展要靠内部巨大的市场。我们采取的这个政策显示了很多效果。什么效果？就是西方发达资本主义国家以及跟我们相同的新兴经济体在每一次全球性和区域性的经济危机中，都出现了不可避免的显著性的负增长，而中国有计划、有步骤、有战略的发展，使得我们面对各种危机时显示出非常强大的韧劲，我们从来没有出现过负增长。这就是对中国模式的最强展示,也是我们中国特色社会主义的优势,特别是在面对重大疫情时能显示更加明显的优势。从图6我们可以看到,2020年全球主要经济体中只有中国实现了出口贸易的增长,我们的出口贸易在2020年全球份额里,提高了1.6个百分点,这个是非常不简单的。

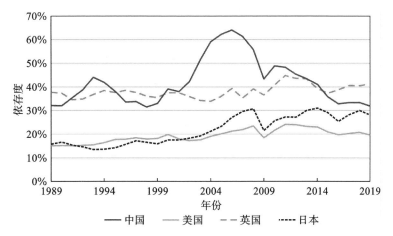

**图5　1990—2019年中国、美国、英国、日本的对外贸易依存度**

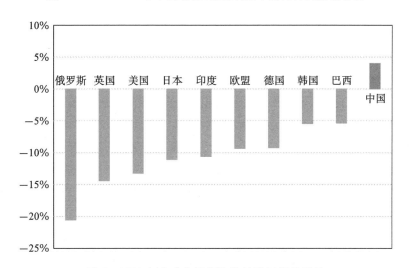

**图6　2020年全球主要经济体的出口贸易增速**

在这样的情况下,我们必须知道我们为什么会成功。我总结一下,因为中国以保人民、保健康为抗疫的最高宗旨,同时强大的工业制造体系使得我们的物资供应非常的充足,还有现在的AI大数据革命,刚好在抗疫斗争当中投入使用,这个技术帮了我们的忙。另外一个就是我们的社会治理能力超过任何其他一个国家,特别是在中国共产党的领导下,党群联结、万众一心、上下一体化的管理措施,使得我们的经济在巨大灾难面前,还能够实现2.2%的正增长,这与全球3.6%的萎缩、美国3.5%的萎缩和欧盟8.6%的萎缩形成了鲜明的对照,我们的均衡增长显示了巨大的效果。从图7可以看到,我们的出口贸易占国际市场的份额在2020年达到了14.65%。

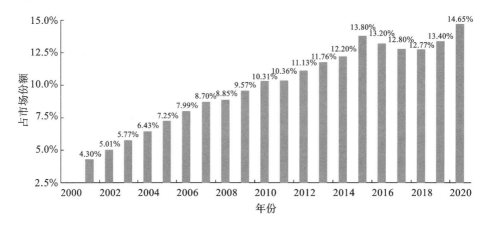

**图7  2001—2020年中国出口贸易占国际市场的份额**

后小康时代,对于中国经济发展,我们需要进行慎重的思考。要思考的第一点我觉得就在党的十九大工作报告中,即习近平总书记提出来的分阶段发展。到了下个世纪,可能需要一些重大革命,这个是一个巨大的未知数,所以我就将建国百年作为一个考察的时间点。我这里分三个阶段讲述,一个是"十四五"规划,一个是2035年,还有一个是第二个百年。"十四五"规划期间,我们要维持稳中有进、稳中向好的发展态势,我们的工作基本实现"六稳""六保"。其中,最重要的是我们就业的增长。我预测中国2021年人均GDP一定会超过全球的平均数。这是什么概念?1978年,我们的人均GDP只是撒哈拉沙漠以南国家平均水平的1/3,更不可能跟全世界的平均水平相比。然后,2021年超过了,这是一个里程碑,也会是继GDP突破1万美元以后的第二个里程碑。第三个里程碑就是中国即将迈入高收入经济体行列。这可能就是明年或后年的事情,但是我一般不敢写出来,为什么?因为写出来必然会被人们"拍砖",抨击我说得太快了,但实际上就是这么快。2021年我国人均 GDP 应该会是 1.2 万到 1.25 万美元,这还需要看第四季度的数据。虽然现在疫情比较严峻,但是达到 1.2 万美元是肯定的。

2025 年之前,也就是接下来的 2 到 3 年,我们可以轻松进入高收入经济体行列。我把时间轴拉到 2025 年,这时我们轻松地进入高收入水平国家,全球将只有 16% 的人口的收入高于中国,当然这其中也有中国占全球 18% 人口的红利。大家用这两个数据可以想象中国在全球地缘政治的冲击力,也就能理解特朗普和拜登对中国的态度,因为他们的态度都是基于"修昔底德陷阱"的理念。

我们的挑战和机遇是并存的,对此我们并不是非常乐观,认为轻轻松松就能过去,我们还是要有一定的战略定位,这是一个艰苦的卓越的新征程,尤其是随着地缘政治发生极大的变化,挑战会越来越严重。国内的主要挑战是我们技术转型升级需要时间,人口老龄化日益严重,人口红利持续缩小,以及不均衡不充分的发展与人民美好生活需要存在矛盾。然而,机遇也是有的。我们的机遇在于 40 多年雄厚的基础,在于稳定、有力、有效的政府,在于勤奋、敬业、和谐的民众,同时新科技对中国规模经济和范围经济发展极其有利,区域均衡新格局基本形成,国家软实力同步发展。因此,我们的对策就是将科技创新作为驱动力。我们以前通常跟踪和模仿先进科学,我们现在不仅要继续这么做,还要在少数领域或者更多领域进行科技创新驱动,我们要力争在科技上引领世界。另外一个对策是城乡区域的协调发展,对于这一点,李实老师讲得很详细了,我就不再赘述。还有就是生产、生态、经济、社会、文化效益高度统一,充分利用大数据、新能源、智能化。这种新兴的工业化革命能够促使我国的经济发展走在世界前列。另外,要注重社会服务高质量发展,这是我们建设和谐社会、阻断贫困代际传递、彻底消灭贫困、缩小相对贫困的一个非常重要的部分。

因为时间关系,我的小结只能这么多了,谢谢大家!

**整理:易晨　校对:赵燕齐**

## 二

## 创新驱动阶段的区域经济发展——技术发现假说与检验

郑江淮[①]

非常感谢大会的邀请,我在华中科技大学经济学院主页看到了张建华院长的致辞,写得非常好,可以概括为"四个面向、三个发展",即面向国家重大战略需求、面向国民经济主战场、面向人民生命健康、面向世界科学研究前沿,着力构建具有中国特色、中国风格、中国气派的发展经济学理论体系,致力于求解数字化、绿色化、均匀化发展新问题,立足建设一流学科,坚持特色发展之路。这个概括对传统意义上的发展经济学科定位进行了创新,让我们对华中科技大学经济学院的发展定位有了更加具体准确的认识,衷心祝愿华中科技大学经济学院早日建成中国特色、世界一流的卓越经济学院,成为真正的"双一流"学院。

相对于工业化阶段的区域发展,当前创新驱动发展阶段的区域发展有什么不一样?工业化发展的典型事实以及相关理论汇入城市化相关的理论,主要表现为劳动力转移理论;而区域发展方面的一个相关理论是"产品发现假说",该理论认为在产品空间中,各个地区能够呈现该区域产品持续上升的复杂度,各个区域的经济增长都会收敛,这个产品发现过程主要是以企业为中心进行产品创新和技术创新;与区域发展相关的另一个重要机制是"地区竞争优势",其主要来源于生产的规模经济、范围经济和外部经济。

从中央对创新与区域发展的相关表述方面的变化来看,党的十八大提出中国要在 2020 年进入创新型国家行列,党的十九大提出到 2035 年我国跻身创新型国家前列;党的十八届五中全会强调,推动区域协调发展,塑造要素有

---

① 南京大学经济学院院长、教授。

序自由流动、主体功能约束有效、基本公共服务均等、资源环境可承载的区域协调发展新格局,党的十九大在区域发展方面强调"实施区域协调发展战略","创新引领率先实现东部地区优化发展,建立更加有效的区域协调发展新机制"。十九届五中全会提出要"坚持实施区域重大战略,促进区域优势互补"。这些表述上的变化,不是文字游戏,实际上是基于中国创新驱动区域发展的一些重大变化,做出的判断和对未来的展望。

那么,创新驱动发展阶段的区域发展到底是什么样子的?首先,我们来观察一下长三角的制造业集聚与发明创新集聚情况。为此,我们使用了显性比较优势的方法,即如果一个城市的制造业就业占比高于这个地区的平均水平,就说它大于1。我们用发明专利、实用新型专利、外观设计专利这三类专利来衡量创新结构,测度发明专利占比。其中,实用新型专利与外观设计专利在制造业当中是非常重要的一种创新,其创新体现在产品种类上。只有部分企业会经常申请这两类专利,大部分制造业不需要申请,因为它们更多的是生产材料中间产品如零部件等,这些企业属于中间品加工制造业,很少涉及外观设计专利或实用新型专利。不难看出,2000年以来制造业和发明创新集聚的地区,呈现由点到面的多中心化的发展态势。而发明专利的集聚,呈现从上海到安徽、在西部南北散开、外围兴起、从东向西的发展态势,这应该说是一个非常显著的变化。

如果仅从制造业集群来看,长三角为核心区,2000年的核心区也是以制造业为主,即发明专利相对较低,实用新型专利、外观设计专利占比相对较高。相对来说,核心区水平是高于地区平均水平的,制造业集聚最终呈现由面到线的态势。对于制造业与发明创新均无集聚的地区,从南到北呈现从分化到固化的态势。将创新集聚和制造业集聚作为重要的动力表现,一个比较初步的判断标准就是中心区域扩大、区域产业多元化。

另外,我们构建了区域技术互补和区域技术竞争这两个指标来描述地区技术的邻近度。首先,两个地区在同一大类技术中的不同小类技术有很多部分会组合在某一类产品上,这意味着该产品的技术构成来源于不同地区的技术,我们称之为区域技术互补。如果两个地区在同一细分技术中都聚集了大量研发活动、形成了大量专利,这意味着两个地区的企业在这一领域形成技术竞争、产品市场竞争,我们称之为区域技术竞争。构建了这两个指标后,我们分别绘制了以时间轴和人均GDP为横轴的折线图(见图1),我们可以很明显地看到在某个发展水平,中国产品技术来源的地区结构会发生一次转化,从区域技术竞争转变为区域技术互补。

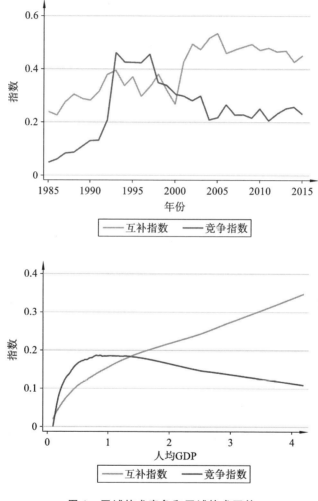

**图 1　区域技术竞争和区域技术互补**

从地区差异来看,如图2所示,东部地区技术互补发展得非常快,而中部地区、西部地区目前还处于徘徊胶着状态。如果这些地区的发展态势与人均GDP的发展水平相对应,预计未来的10多年时间里,中部和西部地区也会呈现一个结构转换的态势。

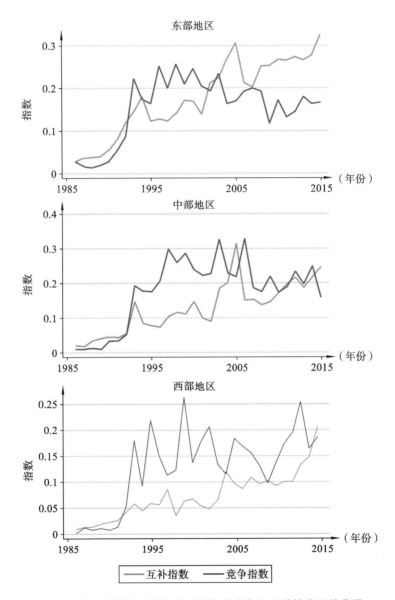

**图 2　东部、中部和西部地区区域技术竞争和区域技术互补发展**

基于这两个典型事实,我们能提出什么样的思考?在工业化阶段,技术的生成大多是通过引进、吸收和模仿然后再创新实现,这个发展过程是产品发现过程。产品创新主要是企业家在有效的市场或者在一个高质量的营商环境中,快速地重新产生相关联的产品,使该产品的生产能力迅速地进入所有其他行业的产品创新。而在创新驱动发展阶段,也就是一个行业在技术方面已经到了前沿的时候,它的创新方式或者说产品空间复杂度的变化又是怎样的一个过程?

产品创新更多的是一种技术创新,不同类型的技术成分不断地重新组合,而且这个技术成分可能来源于不同的行业或者不同的技术专业。从技术组合的角度,阿瑟提出,以创造新组合及其可配置的新产品为主的经济发展,竞争优势不是来自资源储备及将它们转变成最终产品的能力,而是来自将深层知识储备转化为新的战略性组合的过程,换句话说,从占有资源的角度获取国民财富的总量开始不如从专业科学及技术知识的角度获得的多。这时候,竞争优势不再是把要素转变成最终产品,而是把深层次的知识储备转化成新的组合,国民财富在专业科学和技术知识的组合发展中得到更大程度的增长。早在1998年,威茨曼教授也提出了重新组合式增长的观点。

在现实中,技术不仅来源于企业创新,更多的是来源于大学、科研机构、企业三方共同实现的技术重新组合,并且有明显的变化趋势。这具体表现在以下几点。其一,大学的创新变得更加企业化,技术咨询、研发外包,以及投资研发的产业技术指导,支撑了以大学为基础的创新发展,支撑了高技术产业的兴起和发展,同时为全社会培养了大量发明人才。科技创新提升了发明人才创新创业的效率。其二,企业创新更加大学化,也就是说,企业在大学里创办更多的研发机构,而且研究面很广,从工艺改善到应用创新再到基础研究都囊括其中。也就是说,大学跟大企业科研机构的合作更加同步。如果大企业能够创办一些独立的研发活动,它就会成为吸收技术、吸纳人才的主要贡献者。其三,中小企业的创新带有"长尾化"效应,更多地面向大学和大企业的创新进行集聚和关联,企业的技术可能更多地来源于不同的地区,形成区域技术互补。

大企业和大学并不是在各个地区随机分布的。实际上它们在各地区都有一定的不足,那么,哪些地区的企业更容易跟大学形成这样一些关联,或者说,各个地区企业的发展跟大学的这种分布有什么样的关联呢?从发展过程来看,距离大学近或者大学数量多的地区,通常工艺创新水平会相对高一点,而大学比较少的地区从大学获取简易性的技术成本较高,所以这些地区的企业更多的是进行产品创新。这个结论在后期还需要进行验证。但是当产业发展到一定阶段时,即使大学数量少的地区的企业产品创新能力也已经比较强了,这时候这些企业可以跨越或者说不再受距离的限制,它们可以到更远的地方甚至是别的国家进行一些合作研发或者研发外包,也可以将自己的研发中心搬到更远的地方。

从专利的地区分布来看,地区间的技术来源越来越多元化,地理多样性的格局也就形成了。在这个过程中,核心要素就是发明人才在地区间的重新配置。无论是大企业、学校还是中小型企业,都会经历一个重新匹配的过程,这个过程会使得工业化阶段形成的区域产业一体化的发展格局被冲淡,进入各个地区技术互补的发展阶段。如此一来,各个地区的竞争优势在规模经济方面可能依然存在,但是更多地取决于地区对知识与技术路径的依赖程度。

那么,我们怎样看待增长的效应呢？习近平总书记也说过,不平衡发展是绝对的。在创新驱动发展阶段,地区发展多极化应该是常态,这可能不是表现为简单的南北差异,而是在全国范围呈现不平衡发展,会在全国范围内形成多中心、多极化的发展格局。

创新驱动发展阶段的政策从产业政策变为创新政策。创新政策应该以人才政策为中心,从促进产业集聚转向促进产业人才流动、人才集聚的创新。技术前沿是动态的,所以技术人才一定会在地区间不断地进行匹配,配置的地理范围可能是一个省,可能是一个区域,也可能是一个国家,甚至可能是整个世界。可以说,如果没有大范围的人才流动,也就没有区域持续的创新发展。

整理:孙彩曦　校对:吴承焯

# 三
# 竞争中性原则的形成与发展趋势

巴曙松[①]

我今天跟大家交流的题目是《竞争中性原则的形成与发展趋势》，这也是目前国际经济与贸易（以下简称国际经贸）领域很受人们关注的一个研究主题。

中国在2021年9月正式申请加入CPTPP（全面与进步跨太平洋伙伴关系协定），下一步预计就会展开谈判，在谈判并申请加入CPTPP的过程中，竞争中性原则应该会成为一个非常重要的政策点。中国改革开放的一系列经验表明，国有企业的经营管理越来越成为国际经贸规则的重要组成部分。中国在加入WTO（世界贸易组织）时，在市场准入、补贴、税收、信贷和价格管制等方面，对包括国有企业在内的许多市场主体及其运行规则进行了大规模的改革，大幅度提升了国有企业的竞争力，为中国的国有企业进入国际市场、开展有效的竞争打下了基础。现在中国强调推动更高水平的改革开放，国际经贸新规则也更加关注国有企业改革，竞争中性开始成为国有企业改革中越来越受人们关注的重要的国际经贸原则。

在目前国际经贸领域出现局部逆全球化的情况下，区域经贸合作依然在推进，国内外就竞争中性的经贸规则，即国有企业和非国有企业的公平竞争等内容，逐步达成共识。无论是在多边贸易规则、区域贸易规则，还是在双边自由贸易协定的谈判中，以竞争中性为核心原则的国有企业监管规则，都在成为国际经贸谈判的重中之重。展望WTO未来的改革议题，欧美一些国家已经积极提出要加入竞争中性的讨论。在一些区域性的经贸规则谈判中，以

---

[①] 北京大学汇丰金融研究院执行院长、中国宏观经济学会副会长、教授。

CPTPP 为代表的一些组织已经把政府采购和国有企业单列一章进行介绍。《美墨加协定》(USMCA)等对国有企业的界定、全球竞争规则做出了实质性规定。总的来说,无论是在多边贸易法律框架下,还是在区域贸易平台和双边资源贸易协定的谈判中,关注竞争中性的国有企业规则逐渐成为国际经贸规则认同的重要内容。

那么,竞争中性原则的概念和内涵是什么呢?根据 OECD(经济合作与发展组织)的界定,国有企业应该遵循与私营企业相同的规则,不能因为其与政府之间的关系,获得优于其他市场参与者的竞争条件。竞争中性原则是一个动态的概念。从澳大利亚对竞争中性概念的提出到 OECD 对竞争中性概念的发展,再到托马斯对竞争中性政策的推广,竞争中性原则的适用范畴或者场景是在不断变化的。不同国家或组织竞争中性原则的内涵及特征如表1所示。

从表1可以看到,澳大利亚、欧盟、OECD 和美国的竞争中性的内涵和外延有不同的强调重点。比如:澳大利亚竞争中性原则的核心是规范政府从事的一些商业活动;欧盟竞争中性原则的核心是约束各成员国对特定企业和产业提供补贴资助;OECD 的竞争中性原则主要是通过关注国有企业治理,推动竞争中性政策的实施。虽然这些不同主体在关注竞争中性时着重点有所差异,但是其基本原则是一致的。

表1 不同国家或组织竞争中性原则的内涵及特征

| 国家或组织 | 内　涵 | 特　征 |
| --- | --- | --- |
| 澳大利亚 | 澳大利亚的竞争中性政策涵盖如下内容:政府应该在商业竞争中保持中性,即税收中性、信贷中性、规则中性、同等水平资产回报率、合理分摊成本等。同等水平资产回报率是指政府商业行为要与私营企业一样,在市场上获得竞争者平均水平的资产回报率和利润空间。合理分摊成本是指政府商业行为的商品和服务价格要充分反映其成本,该成本要与政府其他非商业行为区别开来,单独核算,避免交叉补贴 | 规范政府从事的商业行为,消除其竞争优势 |

续表

| 国家或组织 | 内　　涵 | 特　　征 |
|---|---|---|
| 欧盟 | 《欧盟运作条约》(TFEU)第107条第1款明确规定:"由某一成员国提供或通过国家资源给予的任何资助,不论方式如何,凡优待某类企业或者某类产品的生产,以致破坏竞争或者对竞争产生威胁,从而对成员国之间的贸易产生不利影响时,应被视为与共同体市场相抵触。"概括而言,欧盟约束国家资助的制度涵盖如下内容:第一,各成员国政府对特定企业或产业的资助行为应该受到约束;第二,对国有企业的行为给予特殊规范 | 约束各成员国对特定企业或产业提供资助行为 |
| OECD | OECD主要通过关注国有企业治理推动竞争中性政策的实施。OECD认为,在竞争中性这个规则框架下,国有企业应遵循与私营企业相同的规则,不能因为其与政府之间的关系获得优于其他市场参与者的竞争条件 | 通过关注国有企业治理推动竞争中性政策的实施 |
| 美国 | 美国前副国务卿霍马茨所提出的竞争中性政策,意味着美国政府支持的商业活动不因其与政府的联系而享受私营部门竞争者所不能享受的人为竞争优势 | 适用"政府支持的商业活动",只要与政府有联系的市场商业活动都被纳入竞争中性原则的适用范畴 |

从历史上来看,竞争中性原则正在逐渐从国内规则转变为国际"软法"。竞争中性原则最开始是由澳大利亚提出来的,当时是为了消除澳大利亚各州的市场分割弊端,避免基于国家所有权或者控制权导致的非商业考虑,同时排除商业活动中因公共所有权介入而导致的资源不公平。我们从图1可以看出,澳大利亚的竞争中性原则也经历了一个不断演变的过程。

具体考察澳大利亚竞争中性原则的演进——从《希尔墨报告》,到《竞争原则协议》,再到正式纳入澳大利亚国家竞争法,最后纳入《联邦竞争中性政策声明》——我们可以发现,澳大利亚竞争中性原则强调的是企业的公共服

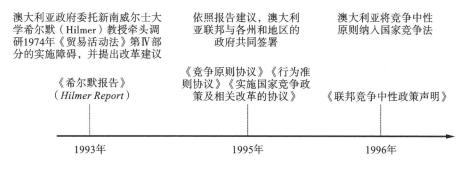

图1 澳大利亚竞争中性原则发展历程

务活动和商业活动的分离,国有企业不得因国有而具备额外的竞争优势。澳大利亚还设立了专门的机构来受理相关投诉。

从国际比较来看,竞争中性原则在国际规则中也有不同的应用模式。OECD是最早对竞争中性进行界定的国际性组织,它的定义更加一般化,适用的范围更为宽泛,即不仅限于传统的国有企业,还包括其他政府商业活动,例如包括享受税收减免的优惠、具有公益服务性质的公共部门所开展的商业活动,也包括受政府影响的一些私营企业。具体来说,OECD的竞争中性原则提出了国有企业竞争中性的八个方面的"基石",以及推进国有企业公司治理的指引,要求基于竞争中性原则平等对待所有股东和其他投资者,履行信息披露、透明度以及企业的董事会责任。

2012年,OECD发布了《竞争中性:维持公有企业和私营企业之间公平的竞争环境》,其中主要包括八个方面的重要内容,被称为"八项基石",在具体的操作中,这些可以说是OECD衡量竞争中性的标准。具体说来,其内容主要包括精简政府企业的运作模式、确定特殊职责的直接成本、获得商业回报率、履行公共服务义务、税收中性、监管中性、债务中性和直接补贴、政府采购中性几个方面。

同样值得关注的是,主要的经贸大国如中国和美国,对于WTO下一步应当怎样更有效地运转,提出了很多改革设计,其中,竞争中性原则成为WTO未来改革中很重要的一个议题。自2017年7月美国代表在WTO总理事会上表示必须关注WTO的体制性问题,并且建议启动系统性改革谈判以来,欧盟、中国、日本、加拿大和澳大利亚等,都以不同的方式提出了改革的设想。虽然具体内容可能会有一定的分歧,但不可否认的是,竞争中性原则开始成为一个非常重要的议题。可以看到,欧盟以及中国提出的一些规则和主张,都以不同的方式触及竞争中性原则。

基于对国际经贸规则演变趋势的把握,同时为了促进中国经济更高质量的发展,实现经济的转型升级,中国有能力也有条件对 WTO 的改革和贸易新规则持更为开放的态度。中国正式申请加入 CPTPP,就体现了这种对外开放经贸政策发展的自信姿态。在竞争中性原则的适用方面,结合中国国有企业改革的方向和需要,中国有条件积极参与与国有企业竞争中性相关的国际经贸规则制定的过程,以免在对中国最具核心利益的规则内容制定上被新的国际经贸规则边缘化。

中国在入世工作组报告中表示,今后中国的国有企业在购买和销售产品时仅仅基于"商业考虑",这其实就包含竞争中性原则的一些基本原理。同样值得关注的是,WTO 框架下界定专项性的所有制标准,主要针对的是中国的国有企业。根据《中华人民共和国加入 WTO 议定书》第 10 条第 2 款的规定,中国国有企业补贴直接被归于有条件的专向性补贴之列,在国有企业是补贴的主要接受者或国有企业接受此类补贴数量异常之大的条件下,该项对国企的补贴将被认定为具有专向性。在 WTO 体制下,相较于其他国家,中国的国有企业补贴受到更为严格的管制,也许有可能引起其他国家的反补贴措施关注,这也是中国在制定经贸规则时值得研究的一个因素。

从发展趋势看,越来越多的国际经贸规则和多边协议开始关注并引入竞争中性原则。虽然美国没有竞争中性的制度安排,只是在其《1945 年政府公司控制法案》中,列出了被纳入管理的公司清单,做出了特殊的规定。但是,值得关注的是,美国与 40 多个国家签署了双边投资协定(BIT),和 17 个国家和地区签署了自由贸易协定(FTA),这里面也蕴含竞争中性原则,它主要是通过双边协定的区域性国际贸易协定来体现的。

关于 CPTPP 和 USMCA,TPP(《跨太平洋伙伴关系协定》)文本第 17 章专门设有"国有企业"这一章节,对竞争中性进行了系统性规定;USMCA 规定国有企业,不仅包括政府拥有绝对控制权(股份比例超过 50%)的企业,还包括政府不拥有控股权,却有实质性控制能力的企业,这些企业必须遵循市场化的运作机制,国家仅能作为股东享有权益。在美国退出 TPP 以后,日本开始主导 TPP 的推进生效,TPP 随后改名为 CPTPP,其第 17 章"国有企业和指定垄断企业"规则,制定了三项法则性的条款,内容涉及非歧视待遇和商业考量、非商业援助制度和透明度规则等方面。

CPTPP 第 17.4 条规定:每一缔约方均应确保其每个国有企业在从事商业活动时以符合商业考量的方式购买或者销售货物或服务。这表明,如果中国要加入 CPTPP,也要参与并实施这些规则。在具体的实施过程中,商业考量主要是考虑以下三点:从内容方面看,贸易协议的商业考量规则条款具有公平竞争的商业化运作要求,这其实比 WTO 仅仅是强调的要求更高;从适用对象看,商业考量规则适用的范围更广,既适用于国有企业,也适用于指定的垄断企业,还适用于被授予特权的垄断型非国有企业;从法律效果看,商业考量规则条款可以通过争端解决机制来确保得以使用,有可强制执行的保障机制。

同时,CPTPP 明确要求构建以"非商业援助制度"为名的新反补贴规则,这个可以说是对现有国际经贸法规竞争中性原则框架的创新,目的就是消除一国政府对国有企业的补贴造成的负面的溢出效应。在 TPP 之前,所有涉及国有企业规定的贸易协议,均没有关于非商业援助的规定。值得注意的是,这一制度设计的内在逻辑是国家持有企业的所有权或控制权引发了与国有企业相关的扭曲竞争。CPTPP 还创设了非商业元素的制度,其包括三个要件:一是比较宽泛的主体要件;二是相对宽松的非商业援助范围和标准;三是宽松的因果认定关系。

关于透明度规则,TPP 的第 17.10 条有明确的要求:公布国有企业的名单和其指定垄断的企业的名单,包括对现有指定垄断的扩大和授权的条件,都要进行公开的认定。在 CPTPP 框架下,透明度规则针对的国有企业通报的义务来源更广,国有企业的透明度作为两个新的横向议题,很可能适用于服务贸易、货物贸易、投资、政府采购等多个纵向议题;另外,国有企业的通知义务更加明确。

USMCA 的竞争中性原则明确提出了国有企业的相关要求,并对其进行了定性,扩大了国有企业定义的范围。由于 USMCA 基本是复制美国在 TPP 中一度倡导的第 17 章"国有企业和指定垄断企业"内容,所以市场会觉得跟这个定义跟 CPTPP 的战略相当类似。USMCA 规定的国有企业,不仅包括政府拥有绝对控制权(股份比例超过 50%)的企业,还包括政府那些即使不拥有控股权,但有实质性控制能力的企业,要求这些企业遵循市场化的运作机制,国家仅作为股东享有权益(这就是复制的 TPP 的内容)。USMCA 对国有企业的定义也更加宽泛,推出了更加严苛的国有企业条款,明确反对国有企业仅因国有性质而不论资信能力,轻易获得任何贷款和担保,反对国有企业大而不破,以债转股方式获得重生的现象。USMCA 竞争中性原则中两个重要的原则就是非歧视原则和商业考虑原则。USMCA 第 22.4 条对非歧视原则进行了较为详细的规定,所以这个也是竞争中性原则中非常重要的组成部分,是竞争中性原则的具体体现。USMCA 第 22.6 条还体现了"非商业援助"制度,在 TPP 的基础上增加了三项被严格禁止的非商业元素,这些内容具体包括:禁止缔约国政府和国有企业向其他没有信用担保的国有企业提供贷款或者贷款担保;禁止对没有可靠重组计划的破产国有企业提供非商业性援助;禁止将国有企业的未偿债务转为权益。

USMCA 的透明度原则包括四个方面,即公布国企的名单、通知缔约方、提供可能会对条约方的经贸活动产生影响的国企相关活动信息、非商业援助信息。

在前面关于欧盟竞争中性原则的介绍中,我们可以看到,它包含在综合竞争政策的竞争管理,即 2009 年生效的《欧盟运作条约》中。该条约指出:遵循欧盟的竞争法,能够阻止限制和扭曲竞争的交易。所以尽管欧盟层面的法律并未明确规定竞争中性,但任何违反竞争中性规则的行为都会受到欧盟竞争法的规制,所以欧盟的竞争中性原则实际上体现在欧盟的竞争法里面。而且欧盟竞争法的调整对象比国企更宽,还包括公共企业,也赋予欧盟委员会处理公共企业经济活动相关的权利。丹麦还进一步修改立法,将竞争中性作为竞争法的重要内容,并且使之适用于所有的商业活动。瑞典在 2010 年也修改了竞争法,同样加入了竞争中性的相关条件。在欧盟,企业援助也是竞争中性原则的重要内容,援助中有被禁止的行动,比如一些国家援助。RCEP 也涉及部分竞争中性内容,虽然比较少,主要集中在政府采购方面,但是这个范围相对具体、比较窄,主要适用于中央政府采购,而且主要是规定透明度的义务,这也是 RCEP 相对来说有比较强的灵活性的原因。

从表 2 可以看到,虽然各组织有不同的侧重,"门槛"也有高低之分,但都越来越关注竞争中性的基本原则。RCEP 与 CPTPP 相比,"门槛"比较适中,适用范围更广,包容度更广,更具可行性和开放性,这意味着 RCEP 的自由化程度要低于 CPTPP。RCEP 成员之间的经济发展差距非常大,各国利益诉求复杂,要想达成最终协议,就要照顾实力比较弱的成员,这往往就需要采取比较宽松和灵活的标准。可以看到,RCEP 的支付采购章节只有 8 个条款,没有具体的承诺附件,政府市场的开放水平也不及 WTO。WTO 下的政府采购协定分为文本正文和附件两个内容,政府采购适用范围、采购方式、透明度、正当性都比较宽泛。

表 2 OECD、WTO、RCEP、CPTPP 和 USMCA 的对比

| | OECD | WTO | TPP/CPTPP | USMCA | RCEP |
|---|---|---|---|---|---|
| 关于国有企业定义 | OECD 规定,国有企业是由国家占有全部、多数所有权或重要控制权的企业 | 与 TPP 协议不同,WTO 没有对国有企业或垄断企业做出量化的定义,并且 WTO 会区分这些企业是从事货物贸易还是服务贸易。在货物贸易领域,WTO 有约束国营贸易企业的专门规定,但没有关于国有企业的专门规定,虽然国营贸易企业也可以是国有的。在服务贸易领域,WTO 约束的是垄断性服务供应商和排他性服务供应商,没有区分企业所有制,并用"公有"代替了"国有"一词 | 专设"国有企业"章节。对比 OECD 定义,TPP 对国有企业的定义更为清晰和具体,从股权、投票权和任命权三个方面来界定国有企业,即国家在该企业直接拥有 50% 以上的股份资本,或以所有者权益控制行使 50% 以上的投票权,或有权任命大多数董事会或其他相同管理机构的人员,即适用 TPP 国企规则 | 推出了比 TPP 更严格的国有企业条款,不仅包括政府拥有绝对控制权(股份比例超过 50%)的企业,还包括政府不拥有控股权,但有实质性控制能力的企业 | 无 |

续表

| | OECD | WTO | TPP/CPTPP | USMCA | RCEP |
|---|---|---|---|---|---|
| 关于政府采购 | 政府采购中性规则：要求各国的采购政策和程序具有竞争性、非歧视性和透明性。该方面在于确保政府采购不会倾向于国有企业或是与政府有联系的企业，而是对所有参与竞标的实体一视同仁，消除任何不平等待遇 | WTO下的政府采购协定分为文本正文和附件，正文包括序言和22个条款。正文部分包括：目标、适用范围、例外、发展中国家待遇、采购程序、技术规格、招标与合同授予、信息公开与透明、质疑和审查程序、适用范围的修订、争端解决程序等方面。附件是各参加方承诺的出价清单 | TPP协议更加强调公开招标方式的应用。主要有三个特点：①采购方式多样性，包括公开招标、选择性招标、限制性招标和谈判四种采购方式和一种采购安排，即常用名单；②对项目参与供应商的最低数量并未做出明确要求；③成立对政府采购进行监管的独立机构 | 与TPP相似：①缔约方政府应保证政府采购信息的公开和透明；②对供应商的限制性条件应尽可能地减少，且应该采用国际标准加以界定；③各政府应提供供应商所需的所有可公开的信息和文件；④应由一个公正公平的第三方机构对采购流程进行评估等 | RCEP政府采购章节只有8个条款，没有具体承诺的附件，且主要是规定透明度义务 |

续表

| | OECD | WTO | TPP/CPTPP | USMCA | RCEP |
|---|---|---|---|---|---|
| 关于政府补贴/非商业援助 | 债务中立和直接补贴：要求国有企业按照和私营企业相同的条件获得信贷。国有企业可能因获得明面上的或潜在的政府支持而更容易在金融市场上获得贷款，但这是有违竞争中立原则的。金融市场应设定明确的获得资金的条件，使国有企业和私营企业能够以企业性质以外的条件平等地获取信贷 | WTO《补贴与反补贴措施协议》。①引入"专向性"概念，把"专向性"作为采取反补贴措施的先决条件。具有专项性的补贴为禁止性补贴，比如出口补贴和进口替代补贴具有专向性，应予以禁止。同理，国内生产补贴如具有专向性也会成为可诉补贴。②规定了专向性的确定原则——立法明确授予补贴、按照列举因素审查某些或某类企业。事实上的专向性补贴在实践中对补贴的专向性判断仍然存在许多疑难问题，分类含糊不清，在判断和认定上具有较大的弹性空间 | TPP首创"非商业援助"制度，有三大特色。①宽泛的主体要件。规定政府和国有企业都可成为提供非商业援助的主体，直接超越了WTO中国有企业是否适格补贴主体之争，约束了政府为国有企业、国有企业为国有企业进行利益输送的渠道。②宽松的非商业援助范围和标准。规定只对国企提供的援助、主要由国企使用的援助、国有企业接受的巨额援助以及通过裁量向国有企业倾斜的援助都在监管范围之内。③宽松的因果认定关系。"非商业援助制度"虽然直接移植了WTO《补贴与反补贴措施协议》中关于损害认定的规定，但规制主体和内容相当宽泛 | 在TPP基础上，增加了3项严格禁止的非商业援助内容：①禁止缔约国政府和国有企业向其他没有信用担保的国有企业提供贷款或者贷款担保；②禁止对没有可靠重组计划的破产国企提供非商业性援助；③禁止将国有企业的未偿债务转为权益 | 无 |

续表

| | OECD | WTO | TPP/CPTPP | USMCA | RCEP |
|---|---|---|---|---|---|
| 关于透明度原则 | OECD对透明度原则的定义包括两个方面。一方面，透明度原则被定义为"规则透明度"，即被规制的实体在法治的条件下识别、理解它们的义务，以及表达对义务的意见的可能性。另一方面，透明度原则要求政府加强信息透明度 | 作为WTO的基本原则，透明度原则适用于国际贸易的所有领域。含有"透明度原则"的WTO相关协议包括：《GATT》、《实施卫生与植物卫生措施协定》、《技术性贸易壁垒协定》、《服务贸易总协定》（GATS）、《与贸易有关的知识产权协定》（TRIPs）。主要有三方面要求：贸易相关国家可以及时、公开地获得贸易相关的法律、法规及政策；及时向WTO机构报告、通知；程序和实体的双重透明 | TPP要求：①缔约方每年定期更新公布国有企业的名单，以及对其他缔约方提出的相关问题进行回应并提供信息，包括对现有指定垄断的扩大和授权的条件；②经另一缔约方的书面申请，一方应迅速提供关于国有企业或指定垄断企业的信息；③经另一缔约方书面请求，一方应迅速以书面的方式提供其采用或维持的非商业援助的政策或计划 | 在TPP基础上，增加了披露股权注资情况的要求。同时在附件22-E第4款中对墨西哥提出特别要求，如墨西哥应在合理可行的范围内提供有关特殊目的机构提供的任何援助信息 | 要求较为原则性，包括缔约方应使其政府采购相关法律法规可被公开获取；努力使其政府采购相关程序可被公开获取；每一缔约方努力在尽可能且适当的情况下，通过电子方式使信息可被获取并更新等 |

总结下来,从发展趋势看,竞争中性原则将会逐步填补目前国际经贸规则中关于国有企业国际规范的空白,并有望成为得到广泛关注并被逐步遵循的国有企业运行的主体性规则。竞争中性原则试图解决国有企业参与全球竞争与发展引发的竞争失衡问题,它蕴含一些公平竞争的理念,未来有可能促成更多国际社会共识,被更多国际经贸规则采用,从而满足国际习惯规则的实践和心理要素,最终发展成为具有普遍效率的国有企业的新规则。中国要加入CPTPP,需要考虑遵循竞争中性原则,也就需要系统深入地研究这个原则,了解这个原则,并且参与这个原则不断发展和完善的过程,这样不仅能使中国顺利加入CPTPP,还能在更好地符合国际惯例的基础上,发挥其对促进中国经济转型升级和提高经济效率的积极作用。这就是这个题目值得我们深入研究的重要原因。

谢谢各位!

整理:张同蔚　校对:王红霞

## 四
## 税制改革、营商环境与市场活力

刘志阔①

我正好借这个机会,介绍一下我国税收方面的一些改革。我自己主要是进行税收方面的研究,基本的研究背景是近些年来中国税收改革当中非常重要的一个主题——以大规模的减税降费为特征的税收改革。

给大家列举一些数字。"十三五"期间,我们减了7.6万亿元的税,然后2021年三季度减税又是9000亿元。所以近几年来,我们一共减了约8万亿元的税,几乎每一年都有非常重要的税收改革。2016年全面推开营业税改征增值税,2017年简并税率,2018年降低税率,2019年对于制造业和小微企业进一步减税,2020年疫情冲击下出台很多减税政策。在2021年,前两个季度减税7000亿元,第三季度减税2000亿元,第四季度所有的小微企业全部缓税,也就是当前全部不用缴税,到明年再缴税。在这个过程中,我想告诉大家一个事实——近些年税收领域的改革层出不穷。我想表达的一个基本观点就是:税收领域的改革很多且频繁,而其他领域的改革相对来说是非常不充分的,无论是今天上午讲到的中国改革的停滞,还是刚才的国有企业改革。

图1是我制作的一个参考系,是在官方的报刊里面去搜"改革+其他关键词"。如果把2012年作为基准1,你会发现"税收改革"这个关键词出现的频率在2019年是2012年的2.5倍,而财政方面的改革的关键词出现的频率逐年下降,2019年甚至不到2012年的一半。

通过图1,我想告诉大家的是,现在整个中国的经济改革对于税收寄予

---

① 复旦大学经济学院和中国社会主义市场经济研究中心(CCES)副教授。

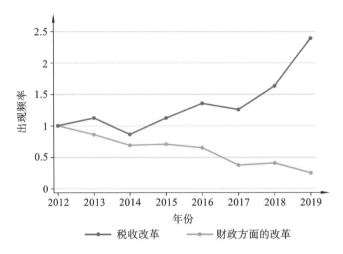

**图 1　税收改革和财政方面的改革关键词出现频率**

了太多的期待。比如,在创新方面,大家都在讲创新驱动需要税收做贡献,无论是高新的优惠,还是研发的加计扣除都可以;在环保领域,大家也希望税收可以作为一种调节手段,像环保税、现在讨论的碳税等;在开放环节,大量的出口退税政策不断调整;在内循环当中,人们也在强调税收的作用。尤其是随着最近的发展,人们在共同富裕的背景下,把很多的希望寄托在税收上,无论是房产税的改革,还是个税的改革。但是,我想表达一个基本的观点:税收是起作用的,但是没办法承担这么重要的一系列功能。

接下来,我把做的一些其他东西的理论、模型和实证全部删掉,然后告诉大家几个基本结论。过去几年,以大规模减税降费为特征的税收改革,到底有没有一些效果?这些效果的衡量有两个维度:一个是去看有没有新增的市场主体;另外一个是去看存续企业的一些变化。因为不同企业受到的减税政策的影响力度还是有一定差异的,所以如图 2 所示,在减税之前几乎没有产生什么效果,而在减税之后是有效的。也就是说图 2 表达了一个基本的观点:过去大规模的减税降费,它的效果是有的。

但是从另外一个维度来看,税收改革的效果取决于其他维度的改革。对于如何度量其他维度的改革,我们用了很多办法,比如在营商环境方面,中国的研究文献有非常多关于制度环境的衡量指标:无论是樊纲老师的市场化指数,还是聂辉华老师的政商关系,或者徐现祥老师做的行政审批指数等,我们

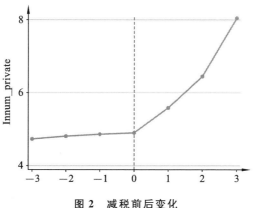

图 2　减税前后变化

基本上把文献当中能用来衡量制度环境和改革维度的一些变量,都找来看过。分别去看的话,会发现如图 3 所示,税收改革的效果与其他制度环节的好坏关联相当密切。如果其他制度不改革,其他环境比较坏,那么税收几乎不产生任何效果,而整个效益几乎全部依赖于其他维度方面的效果。图 3 实际上是把税收的效果在不同的地区,或者是不同的影响组里面进行了区分。

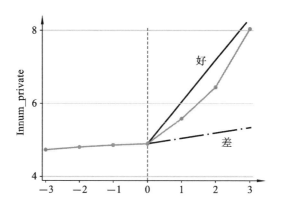

图 3　税收改革的效果与其他制度环节的好坏关联

图 3 表达的一个基本观点就是税收的改革非常依赖于其他维度的改革,而其他维度的改革对于税收改革的效果起决定性的作用。所以,非常重要的一点启示就是,中国的改革一定要是全面改革和协同改革,如果只依赖某个维度的改革,其效果会是非常有限的。

第三个问题是在大规模减税降费当中的一个设想,即减税产生了一些效果,这些效果能不能进一步涵养税源?我们发现,虽然税率在降低,但是市场活力在增强,这应该可以带来新的税源。通过这种作用,我们整体税收收入和财政收入下降得不会太快,这是起初一个方面的考虑。在这个方面,我们可以进一步去考证减税所带来的新增市场主体或者企业绩效的一些改善能不能贡献相应的新税收来源。其结论是可以带来一些税源,但是由于新增的市场活力所带来的税源远不能抵挡减税的下降幅度,所以,减税如果持续进行可能会引发财政风险。这里我想表达的一个观点就是:在未来的几年中,税基本上是不能大规模减了。不能减税的话,现在很多人都在考虑有没有可能新增一些税种,所以关于房产税和个税领域的讨论也是层出不穷。

那么,是不是从宏观上看也是这样的呢?这涉及两个数据,一个是财政支出的规模,另一个是财政收入的规模。我国的财政收入,九成以上都是靠税收。从图4可以看到,2019年我国财政支出的规模为24万亿元,财政收入为19万亿元。而且大家也可以看到这个"喇叭口"——随着减税降费政策的推出,两者之间的差异越来越大。这两者之间的差异,基本上最后只能靠债务承担。在这个里面有一个非常简单的经济学定理——李嘉图等价定理。

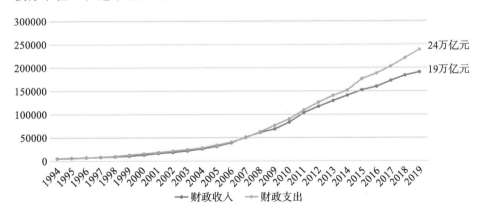

图4  1994—2019年我国财政收入和财政支出情况

刚才我们介绍的是绝对数值,相对数值在宏观上也可以反映这样一个事实:如图5所示,在2015年大规模减税降费之后,财政收入占GDP的比重是真的在下降。无论是从宏观的税负还是企业维度的各种衡量来看,税负都是真的在下降,但是支出几乎没有大的变化。所以中间这差距会越来越大,如果收入持续下降,支出没有改革的话,接下来可能就是相应的财政风险。

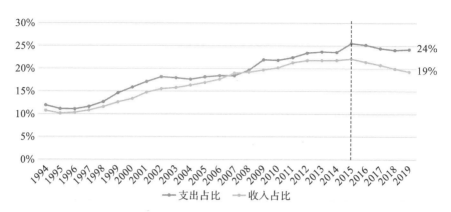

**图 5　1994—2019 年我国财政收入和支出占 GDP 比重**

总结起来,上面所表达的观点非常简单:第一,减税政策是有作用的,但是存在相应的限制条件,即依赖于其他维度的改革,尤其依赖各种改革的协同作用,所以全面的深化改革非常重要;第二,"十四五"期间中国大规模减税的政策是很难持续的,如果继续像"十三五"期间那样大规模减税,可能会引发一些比较大的风险问题;第三,财政的各种改革——即使是局限于财政领域的改革,只依赖税收也是不行的,因为支出不减或支出不变甚至一直在缓慢上升,然后税收不断下降,就会产生大量的风险问题。

我们借此机会,就自己做的一些文章,结合中国近几年税收改革的一些热点,跟大家做了以上交流。谢谢大家!

整理:赵煜航　校对:张同蔚

第四部分 "后小康时代的中国经济发展"论坛学术报告

## 五
## 资源产业依赖与绿色低碳转型发展

邵 帅[①]

大家好！非常高兴今天上午跟很多前辈"大咖"交流，这让我受益匪浅。下午本来我是排在第三个报告，因为华中师范大学那边同时有一个《经济研究》主办的能源环境与气候变化经济学者论坛，给我安排了点评任务，所以就临时跟组委会沟通调整了一下，先来抛砖引玉，后面的报告肯定比我的要更精彩。

我今天主要想跟大家分享一下我们团队在资源和环境经济学领域做的一些积累性的最新的研究工作进展，其主要包括以下四个方面：首先，我们会回顾资源经济学或者说发展经济学的一个著名理论——"资源诅咒"理论，在这个领域我也做了一些研究工作；然后，我们跟大家分享一下我们对"资源诅咒"或者说资源型地区经济发展过程中出现的一些新问题的观察；之后，我们会探讨相关机制和这些问题发生的原因；最后，我们来寻求破解之路。

首先简要介绍一下我在这一领域的一些研究进展。无论是对于资源型地区还是能源型地区，"资源诅咒"问题都是我个人最早开展的研究领域。对于资源型地区的发展，首先我们从体量上来看，资源型城市占全国的39.8%，是将近40%的一个体量。所以，单从体量上来看，资源型地区发展的效率，或者说它跟其他地区的发展是否平衡这个问题，在很大程度上决定了我们国民经济未来的走向。今天我们论坛的主题之一也是共同富裕，那么如果广大资源型地区或者资源型城市处于这样一个不利的发展境地，拖了我们国家整个经济发展的后腿，就谈不上共同富裕了，所以这个问题很重要。对于资源

---

[①] 华东理工大学商学院教授。

型地区或者资源型国家的经济发展,或者资源产业和经济增长之间的关系,现有研究主要存在两种理论观点。一种当然是在传统的经济学中,教科书告诉我们,良好的自然资源禀赋,也就是丰富的能源和矿产资源是工业化起步和经济增长的必要基础和动力。这是毋庸置疑的。但是,20世纪60年代以来,很多跨国样本和地区样本显示,这种观点并不一定成立。以萨斯等为代表的一批经济学家对此提出了疑问,提出所谓的"资源诅咒"理论,简单来说就是丰裕资源没有发挥预期的对经济的带动作用,反而可能变成一种限制,也就是说,资源丰裕的经济体常常遭受"资源诅咒"。现有研究发现,"资源诅咒"在跨国层面和我国或者其他国家地区层面都是普遍存在的。这里有一些典型的"资源诅咒"案例,像"欧佩克"(OPEC)国家、非洲国家、拉美国家的资源都非常丰裕,但是其经济增长速度是相对缓慢的。自20世纪60年代以来,我们印象里"欧佩克"(OPEC)国家都相当富有,对吧?它们增长的步伐曾经很快,但是增长了一个阶段之后就开始停滞了,所以它们的人均GDP增长率是低于其他所有发展中国家的平均水平的。图1是萨斯等人所做的一个开创性研究,他们在跨国层面进行了一个检验(我们展示的是统计观察的,他做的是很严谨的计量检验),发现资源丰裕度跟经济增长之间存在显著的负相关关系。图2是首次在国家区域层面来做的一个检验,它是以美国为样本的,大家可能也想不到这里会以美国为样本,但其实从美国区域层面来看,这样的发达国家也存在"资源诅咒"现象。

从2005年开始,我们国内陆续有学者探讨这个问题,我最早在我的博士论文里面也研究了这个问题。我在博士期间发表了一篇文章,指出我国西部大开发的一系列经济活动、政策行为、干预行为并不一定带动了整个西部地区的经济增长,在西部大开发背景下,能源的开发强度实际上与西部地区的经济增长呈负相关的关系。从图3可以看到,西部地区的能源开发强度在2000年是一个分水岭,在2000年之前它跟东部地区的经济增长是呈负相关关系的,但是在2000年之后,它和东部地区的经济增长呈正相关关系。

这背后当然有计量分析的因果关系作为支撑,那么这就导致一系列空间大范围的能源资源的转移现象。事实上,很多文献对"资源诅咒"理论进行了质疑,学者们争论"资源诅咒"到底是成立还是不成立,后来追根溯源发现一个很容易引人误解的基本概念。受最初提出这个理论的奥特、萨斯等经济学

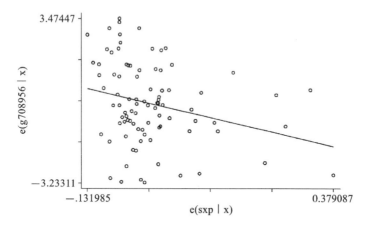

图 1　萨斯等人的开创性研究

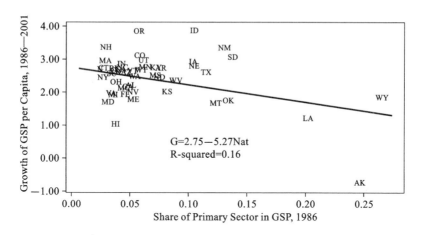

图 2　美国存在的"资源诅咒"

家的影响,很多研究者把着眼点放在"资源丰裕"这个视角上,但是他们真正使用的指标、人们最关注的大多是资源依赖视角的指标或者变量。那么,我可以据此提出一个观点:资源产业依赖,也就是对资源型产业的过度依赖,是导致经济增长步履维艰、停滞不前、产生"资源诅咒"的一个根本性原因,而资源丰裕本身是对经济增长有正向、有利作用的一个条件。那么图 4 把经济增长模型区分为常规的增长路径,就是不依赖自然资源的增长模式,而这个虚线就是"资源诅咒"式增长模式,我们可以发现,"资源诅咒"式增长模式在最

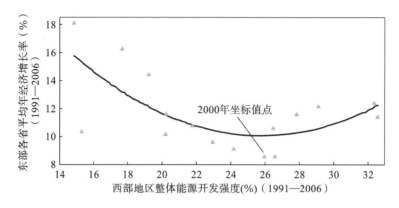

图3　西部地区的能源开发强度

开始起步的时候充分利用自然资源优势,是可以得到更大的边际产出的,所以它起步是占优势的。但是,当过度依赖自然资源时,过度依赖自然资源导致的副作用(之后我们会讲具体是哪些副作用)就会进一步凸显,就会把它的优势逐渐瓦解甚至抵消,所以就呈现下降的趋势。而正常的经济增长路径需要靠人力资本积累、靠技术进步,是一个加速度的过程,所以长期来看,"资源诅咒"在世界范围内还是广泛成立的。

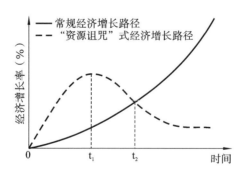

图4　"资源诅咒"式经济增长路径和常规经济增长路径

那么,刚才我讲的"资源诅咒"有哪些原因呢？既有文献和我们的一些研究显示主要是以下四个方面。第一个方面就是资源价格波动效应,资源型产品的价格波动范围比较大,在资源繁荣期,一些地区比如中东地区和我国的很多煤城,都富得"流油",而当资源产品价格走低时又大多亏损,所以这是第一个原因,资源价格波动对宏观环境产生了很大的不确定的影响,导致投资效率和投资规模下降,不利于经济增长。第二方面就是所谓的"荷兰病"效应,简单讲就是资源产业的一个巨大的红利,像吸水机一样把其他部门的要素吸引到资源产业的部门中,对其他部门产生了打击,这里指的主要是制造业部门,所以"荷兰病"主要讲的是资源产业对制造业部门的一个"挤出"效应。制造业部门是一个国家经济增长的中坚力量,制造业衰落的话,这个国家长期经济增长肯定是乏力的。第三个方面就是"挤出"一些对增长有利的因素,比如投资、技术进步、人力资本积累等。第四个方面就是自然资源丰裕的地区和城市一般会存在制度上的缺陷,比如产权界定不明晰、审批过程不透明等,容易导致"寻租"、腐败等现象的发生,产生制度恶化效应,对经济增长的制度环境产生不利的影响。

通过前面的研究,我们进一步发现大部分文献都认为自然资源和经济增长之间是一种线性关系,或是认为绝对存在"资源诅咒",或是认为绝对存在"资源祝福"。但我们认为自然资源和经济增长之间是一种非线性关系,也就是说,当人们在一定范围内使用自然资源,即适度利用自然资源时,自然资源是有利于经济增长的,会产生红利效应,也就产生了"资源祝福";而当人们过度依赖自然资源,这种依赖达到某个阈值时,作为负效应的吸纳效应和刚才讲的"挤出"效应就会显现,也就导致了"资源诅咒"的发生。我们通过检验发现,自然资源的使用无论是与经济增长、人均 GDP 的增长,还是与全要素生产率的增长都呈现倒 U 形的非线性关系。这就是一些前期的研究背景。

接下来讲一下我们最近几年的一些研究工作——主要是关注资源型地区绿色转型的问题。我们知道,资源产业依赖会通过一系列的行为和机制造成资源型地区增长乏力。但是有一个现象或者说有一个因素,实际上是现在的研究关注不足的,即我们现在大力倡导的生态文明建设。环境治理问题、生态环境恶化,尤其是一些环境治理目标的提出,对本来就增长乏力的资源型地区而言更是"雪上加霜",相当于给它们戴上了新的"紧箍咒"。资源开发活动会通过破坏生态环境,对经济转型发展产生负面影响。我们要探讨资源经济体的发展问题,必须把这个因素也考虑在内,将它作为一个外部约束条件。通过对现实的观察,我们可以看到资源型地区和非资源型地区的一些对比情况,我们发现,在空气污染(比如二氧化硫、粉尘的排放)方面,无论是强度还是规模,资源型地区都远高于非资源型地区。也就是说,资源型产业的发展壮大,并未对资源型地区的长期经济增长形成有效支撑,反而"透支"了该地区的生态环境,这是一个非常需要引起人们重视的现象。同样地,我们也从人力资本维度总结了自然资源对资源型地区经济增长的一些不利影响。我们发现,对于人们普遍关注的雾霾污染,资源型地区也要比非资源型地区严重,这就会对资源型地区的民众健康产生一定的影响,也自然不利于资源型地区人力资本的积累。

再从我们现在非常关注的双碳目标——碳达峰、碳中和层面出发来探讨这个问题。将资源型地区和非资源型地区进行比较可以看出:无论是碳强度还是碳排放的规模,资源型地区都明显高于非资源型地区。也就是说,我们可以得出结论:资源依赖对一个国家和地区而言,不仅会对发展或者增长产生"诅咒",也可能对居民的健康、人力资本积累产生很大的不利影响。一些环境科学的研究显示,碳排放的增多会对人体的健康产生不容忽视的影响,从这个角度来说,碳排放也是一种污染物。通过对上述种种现象的观察,我们可以发现,资源型经济的粗放式发展模式(即高排放、高污染、低效率)带来了高昂的环境成本和不容忽视的健康风险。而且,经济发展方式的惯性运行,也会使得节能减排和绿色转型陷入步履维艰的状态。

我们这里有个内蒙古的例子。我国近几个"五年计划"都提出了能源强度、碳强度的减排目标,尤其是能源总量的控制目标。"十三五"期间,只有内蒙古所设立的两个目标没有实现,所以内蒙古现在已经成为我们资源型地区发展失败的一个典型案例。我们从这个案例可以看到的是在碳达峰、碳中和等低碳发展目标的约束下,这些资源型产业面临清退、关停等政策干预,那么旧动能肯定会进一步丧失,所以资源型地区要获得"第二春"的发展机遇,必须要有"壮士断腕"的决心。而且,我们发现资源型地区的"发展陷阱"也出现了,因为跨区域的产业转移,很多东部地区、发达地区在污染控制目标趋紧的情况下,会把污染密集型产业直接转移到中西部地区,而这些污染密集型产业跟资源型地区的其他产业会产生天然关联,形成上下游供应链,这就导致资源型地区在经济转型发展中可能陷入新的"资源优势陷阱"。

我们来概括一下,资源型地区的发展处于两难的境地,一方面经济增长本来就步履维艰,另一方面面临生态环境的约束。我们由此提出,资源型地区的资源开发活动对经济增长和环境质量具有"双损"效应,即既阻碍了经济增长又破坏了环境。所以,我们可以说,经济增长维度的这种"资源诅咒"效应,已经在我国区域层面演化或者说升级为以绿色和低碳发展为主的"环境诅咒"效应,它具体表现为低增长和高排放。

我们下面再来探讨怎样找到药方解决这个问题。

第一个方面,我们要从经济学角度去分析它产生的机制。很明显,我刚才提到的资源型产业本身就是一种高排放、高污染的产业,就像很多生产、矿业开采、运输处理的过程,本身就是高能源、高消耗的过程,而且这个过程中会产生很多难以控制的伴生气体、挥发气体,对空气污染和地下水产生明显的污染效应。我们从图5中碳强度的演变趋势可以看到,资源型区域的碳强度虽然在缓慢下降,但碳排放量始终居高不下。

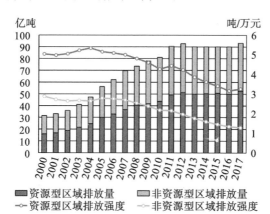

图5 资源型区域与非资源型区域碳强度对比

我们讲的碳强度是单位GDP排放的二氧化碳排放量,碳强度越高,就意味着同样的产出,要排放的二氧化碳量越多,所以资源型地区整体碳排放效率、环境效率都是偏低的。而且,资源产业的碳减排具有较大的滞后性,我们可以看到,工业部门的数量一直在下降,但是资源产业大体呈现倒U形走势。相对于整体工业部门来说,资源产业是存在滞后效应的,也就是说,资源型产业具有很强的路径依赖特征,我们由此提出资源型产业本身就有碳强度效应。我们做了一个检验,以最具代表性的资源型产业——能源产业的依赖度量,发现不论是从产值还是投资角度来看,能源产业依赖对碳排放绩效都有明显的负向作用。我们进一步检验刚才讲的碳强度效应,发现能源产业依赖的程度和水平无论对单位GDP的碳排放,还是对人均碳排放强度,都存在正向影响。也就是说,能源产业依赖度越高,碳排放强度就越大,我们这里的碳排放绩效是在投入产出框架下核算出来的。那么自然地,单位GDP产生的碳排放越多,碳排放绩效就越低,这就检验了我们提出的碳强度效应。

第二个方面,我刚才也提到资源型产业本身是一个技术含量比较低、技术进步率比较低、对技术要求并不高,或者说技术相对成熟的一种产业。那么,如果资源型产业的比重较大,就会使整个地区技术创新的需求降低,所以我们说,资源型产业通常技术进步率偏低、规模报酬不变甚至递减,本身对新兴技术需求不足,这是一方面。另一方面,很多创新是来自企业家精神的,在资源型地区,资源产业获得红利尤其是短期获利是比较容易的,这就导致一些企业家缺乏长远的战略目标,缺乏投资长期的创新行为的考虑,这会削弱整个地区的创新能力。而我们知道,节能减排、提高环境绩效的根本途径之一,就是依靠绿色技术创新。这样一种环境就导致资源型地区对绿色技术创新产生"挤出"效应。我们做了一个检验,发现能源依赖程度与碳排放绩效也存在负相关关系,而且能源依赖程度越高,无论对绿色专利的总量,还是对人均绿色专利,都会产生负向影响,就是说,能源产业所占比重越大,绿色技术创新能力就越不足。

第三个方面我们把它概括为市场失灵效应,这里的市场失灵当然是从价格角度而言的,很多资源型地区本身不需要高昂的运输成本,而且本地有些财政补贴,所以资源和能源的价格是偏低的,它们有更低的资源或者能源使用成本,导致节能、节约资源的动力不足,也就使得节能减排的绿色技术创新动力不足。不管从长期还是短期来看,这都会对经济增长与节能减排的协调程度产生弱化效应,也就强化了这种高耗能、高排放的经济增长模式,所以我们把它叫作市场失灵效应。

我们前面讲的都是偏向宏观经济视角的一些机制,之后我们进一步关注微观经济视角"资源诅咒"产生的机制。我们是从这些年学界、政府普遍关注的"僵尸企业"的视角探讨这个问题的。研究报告数据显示,资源型产业存在很多"僵尸企业",比如黑色金属冶炼、石油加工等。我们又进一步发现,"僵尸企业"的大量存在与碳排放、污染排放也是密切相关的。刚才也讲到很多"僵尸企业"分布在高排放、高能耗的资源型产业,所以我们可以看到,一些"僵尸企业"很难抑制增产的冲动,这会直接加剧环境污染、增加碳排放。这里我们又做了进一步的观察,从资源型城市和非资源型城市的视角,在数量、就业、负债、产值四个角度做了一个对比,发现总体上看资源型城市的"僵尸企业"比重高于非资源型城市的这一比重。然后我们也进一步做了这样一个散点图(见图6),可以发现煤炭、石油、天然气和一些重要的自然资源广泛分布的资源型地区"僵尸企业"占比更高,二者呈现显著的正相关关系。

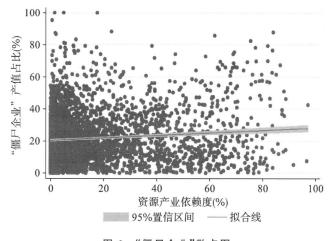

图6 "僵尸企业"散点图

当然,我们进一步用计量经济学方法来对此进行识别,这也验证了我们的一个判断,即不管是从从业和产值角度来看,还是从资产比重来看,资源依赖程度越高,就越会对企业的"僵尸化"程度产生明显的促增效应。我们用其他方法进行了一些稳健性分析,也都得到了同样的结论。由此,我们就验证了前面的一个链条——资源产业依赖产生了更多"僵尸企业",又导致企业"僵尸化"程度比较高。然后我们进一步验证了"僵尸化"程度的提高是不是会抑制碳排放绩效的改善,这同样印证了我们这样一个判断,即"僵尸企业"数量越多、所占比重越大,越会降低这个地区的碳排放绩效,越不利于低碳转型发展,这是我们做的一个计量分析。分析结论就跟我刚才讲的一样。那么从这个结论就可以看到,虽然"僵尸企业"是微观层面的现象,但它是一个可以对整个产业结构产生很强的锁定效应的表征,从这个角度来看,资源型地区的转型会面临很强的产业结构锁定效应,而不利于实现绿色低碳转型发展。

最后,我再简单讲一下相关的政策含义,即这种"资源诅咒"的破解之路。资源型地区要实现跨越式发展,实现绿色产业转型、绿色转型发展,一定要摆脱资源产业的过度依赖，也就是要合理利用自然资源，而不是完全依赖自然资源。在一定程度上利用自然资源是有益的，但如果过度依赖自然资源，就会产生刚才讲的种种负面现象，它们反过来会限制资源型地区的经济增长步伐和转型速度。为此，资源型地区可以从以下几个方面来努力：一是选择多元化的产业主导方式，把鸡蛋放在不同的篮子里，即使在非资源繁荣期也可以用其他主导产业促进地区的经济发展，尤其要重点扶持那些绿色、低碳的产业发展；二是资源型产业要进行一个绿色的生产革命，提高自身碳生产率和环境绩效；三是努力消除我们刚才讲的资源型地区不利的创新环境所产生的负面影响，可以通过一些资源繁荣期获得的资源红利成立专项基金，扶持激励资源型地区的企业家产生技术创新，尤其是绿色技术创新行为；四是从"僵尸企业"的角度着手，我们国家现在特别重视对"僵尸企业"的处置，对于资源型地区来说，处置"僵尸企业"既可以去产能，又可以提高环境绩效，还可以促进绿色经济转型，可谓一举多得；五是从价格机制的角度入手，强化市场机制，提高经济转型过程中资源配置的效率，推进能源价格市场化改革，真正用价格的信号引导资源配置，推动环境绩效的提高，促进绿色低碳转型发展。

谢谢大家！以上就是我的报告内容。

整理者：吴承焯　　校对者：陈远铭

# 六
# 进口竞争与企业污染排放

李小平[①]

谢谢欧阳教授,谢谢华中科技大学经济学院的邀请。首先,我代表中南财经政法大学经济学院,向我们的兄弟院校、"老大哥"——华中科技大学经济学院经济学科创建40周年表示祝贺。祝愿华中科技大学经济学科在争创国内一流、国际一流的过程中取得更大的成就!同时,祝贺我们三位青年才俊获奖,祝愿你们像张培刚老师一样优秀,期待你们早日成为大学者。刚才宋院长讲的题目比较大,我今天汇报的题目可能相对较小。这也是我和学生合作完成的一篇文章,请大家批评指正。

我们的论文以$SO_2$(二氧化硫)的产出和排放为例探讨进口竞争是否会促使中国企业更加环保。我们为什么会提出这个问题?我们总在讲环境问题非常重要,尤其是在实现小康、奔赴共同富裕的过程当中,人们生活水平提高后,更加注重环境质量。但是,历年《中国生态环境状况公报》显示,我们城市的空气质量非常不理想,比如2017年我们338个地级及以上城市中,仅有99个达标,其他都没达标,达标率低于30%。到了2019年虽然我们有很大的进步,但还是有近一半的城市空气质量没有达标。此外,《中华人民共和国国民经济和社会发展第十四个五年规划和2035年远景目标纲要》提出的一个重要目标就是减少污染物排放。近十年来,二氧化硫排放量占我们全国空气污染物排放总量的90%,因此我们将二氧化硫作为典型的污染物进行测算。我们认为,两个重要的因素会影响一个国家工业污染排放或者产生的行为:一是对内改革过程中政府对企业的干预行为,也就是国内因素;二是在对

---

[①] 中南财经政法大学经济学院院长、教授。

外的经济全球化过程中，对外贸易等引起的一系列行为，也就是综合因素。与此同时，扩大进口也是我们国家一个重要的战略目标。例如，最近几年我们国家正在举办中国国际进口博览会，这个博览会已经连续办了几届，这是中国彰显进一步扩大进口决心的举措。那么扩大进口会产生什么效应呢？对于我们消费者来说，能够满足我们国民的多样化、多层次消费需求。对于国内企业来说，至少会带来以下两个方面的影响：一是竞争效应会影响企业市场份额和利润空间，从而进一步影响企业投入产出的规模；二是竞争效应会激励企业通过技术转型等手段加快技术进步。那么，不管是生产规模的改变，还是技术方面的改变，都是直接影响企业污染产出排放的关键因素。因此，我们就思考，进口竞争究竟会怎样影响我们工业企业的污染排放行为？这也是我们的论文所要解决的问题。

人们关于这方面的研究实际上已经有很多。关于贸易对环境的影响，我们有经典的三效应理论，即规模效应、技术效应和结构效应。人们的相关研究有的基于宏观数据，有的基于微观数据，其中，基于宏观数据的分析得出了很多不一致的结论——有人认为贸易对环境整体友好，有人认为贸易对环境不友好，还有些人认为贸易对环境的影响不显著。基于微观数据的分析偏重于研究出口贸易的环境效应，国内外对此都有一些相关研究。但是总体来说，人们对进口贸易的环境效应分析得比较少。因此我们想在这方面有所创新：一是研究视角的创新，与以往重视出口贸易的研究不同，我们以进口贸易的视角，重点探讨进口竞争对企业二氧化硫产生、排放的影响，在样本上，我们具体分析企业微观数据，减少宏观数据带来的加总偏误，试图提供一些新的经验证据；二是机制分析的创新，我们尝试了三个方面，即投入产出调整、技术升级以及资源配置来检验进口竞争影响二氧化硫产出（排放）行为的路径；三是我们考察了进口竞争对行业二氧化硫产出强度离散度的影响，从而为这个行业资源错配的改善提供一些建议。

实际上，我们的模型也比较简单。被解释变量是二氧化硫的产出和排放强度，解释变量就是进口竞争代理指标，另外控制了一系列其他变量。二氧化硫的产出强度的计算也比较简单，选二氧化硫的产出总量除以实际工业总产值的比值并取对数，算出二氧化硫的产出长度。二氧化硫的排放强度也是一样的算法。对于核心解释变量，就是选用进口渗透度作为进口竞争的度量指标。进口渗透度＝行业进口总量/(行业进口总量＋行业工业总产值－行业出口总量)。进口渗透度越高的进口行业,进口竞争越激烈。然后我们来汇报基准结果:基本结论就是我们的进口渗透度总量能够显著降低二氧化硫的产出强度和排放强度,控制其他因素之后这一结果没有明显变化,所以进口竞争的减污效应比较明显。然后我们通过异质性检验发现,干净的行业、高度竞争的行业、民营企业进口竞争的减污效应更明显。然后我们考虑了其他一些稳健性因素,比如地方政府约束的不同程度,也考虑了选用其他进口渗透度来代替,也采用了进口关税来代替核心解释变量,再采用工业增加值的二氧化硫产出和排放强度代替被解释变量,同时考虑了其他内生性问题——我们发现稳健性检验的结果是比较稳定、一致的。

另外,我们还考虑了三个影响因素。第一个是投入产出机制。我们发现进口渗透度总是能减少二氧化硫产出总量和排放总量,但它对工业总产值、工业增长值的影响不显著。同时,它对中间煤炭投入总量和煤炭投入强度有显著降低的效应。因此我们就可以得到结论,它实际上是通过中间投入、减少污染物投入,来达到降低二氧化硫产出总量和排放总量的目的。因此,我们可以通过"投入"这个途径来降低二氧化硫的产出总量和排放总量。第二个,我们检验了它是不是通过"技术升级"途径产生影响。首先我们发现不管是哪种生产函数表示的全要素生产率,进口渗透度、进口竞争都可以提升全要素生产率。同时我们在控制生产率之后,对系数进行比较,发现进口竞争通过全要素生产率来影响、降低二氧化硫的产出强度和排放强度,也就是说,它通过提升全要素生产率来减少污染,因此"技术升级"这个途径是成立的。第三个,看企业是退出还是进入。我们发现,进口渗透度确实使得污染类企业即二氧化硫产出强度和排放强度大的企业倾向于退出竞争,这使得二氧化硫产出或者排放量降低,但是对于企业进入来说,这种效应并不显著。因此,竞争主要通过污染类企业退出这个机制来影响总的二氧化硫产出或者排放强度。

既然进口竞争对二氧化硫产出、排放强度能够产生影响,那么它最终会不会使得这个行业产出、排放强度达标?为此,我们做了一个实证分析,结果发现进口竞争使得整个行业二氧化硫产出强度、排放强度降低,这和我们前面的结论一致。总的来说,进口竞争能够通过高污染企业退出或者提升企业技术水平,降低二氧化硫产出强度,然后使得企业二氧化硫产出、排放的强度更为收敛。

总结一下我们这个研究的主要结论。第一,进口竞争显著降低了企业二氧化硫产出或者排放的强度;第二,异质性检验发现,对于相对干净的行业、高市场竞争的行业企业和民营企业而言,进口竞争对二氧化硫的产出、排放强度的改善作用更加明显;第三,机制检验发现,进口竞争能通过影响企业投入产出调整、技术升级等,促使企业二氧化硫产出、排放强度下降,此外,竞争还会迫使行业内高污染的企业退出市场,直接通过市场选择机制间接激励企业降低二氧化硫产出或者排放强度;第四,从行业资源配置水平来看,进口竞争显著降低了行业内企业二氧化硫产出、排放强度的离散度,对进入竞争行业绿色资源的错配有一定的改善作用。

我就汇报到这里,请大家批评指正,谢谢!

整理:赵雪梅　校对:孙彩曦

## 七
## 地方政府财政压力和企业污染排放

孔东民[①]

非常感谢学院邀请我来跟大家做个交流。今天听了三位青年才俊的报告,还有其他几位教授的演讲深受启发。大家的研究都很有意思。时间有点晚了,我就抓紧时间跟大家简单交流一下。

我本人是做公司金融方面的研究,在大的选题里面想找偏经济学的内容,所以就找了这个跟公司有点关系的话题——地方政府财政压力会不会影响本地企业的污染排放?

这个论文的研究动机很简单,就是环境污染是个很重要的问题,前面几个教授都讲过这个事情。一般来说,如果成本和收益不均衡,企业的污染会在整个社会产生一种负面的外部性。而政府一般想把外部的污染内部化。在这方面有很多相关文献,我就不详细讲了。虽然很多文献讨论过这个议题,但人们很少在公司层面深入分析地方政府面临财政压力时,会怎样影响、调整本地企业的排污行为。这块文献相对较少。

在思考这个问题的时候,我们可能还不是特别容易判断政府财政压力和企业污染排放之间是正相关还是负相关。单从直觉上来判断,正负的可能性都是有的。

第一,很多文献指出,地方政府或者官员会更强调自己的经济增长或者经济发展,而且有时候为了吸引投资会实施减税政策,或者不太关注企业的污染排放维度。所以说,地方有可能在面临财政压力时更偏重发展经济,或者通过放松环保管制来吸引更多的企业。

---

① 华中科技大学经济学院教授。

第二,过去这么多年,我国一直重视环保问题,甚至将环保问题纳入人员晋升的评估指标。地方政府可能会在财政面临压力时,适当地对更高程度的相关污染增加税收,或者进行一些行政处罚。从这个角度来说,有财政压力的政府也可能会对企业污染有一个反向的作用,即企业如果出现更严重的污染,则对其征收更多的税来惩罚。

一般来说,宏观的问题互相影响或者互相决定的可能性是非常大的,所以我们做应用经济学实证研究时,有的时候会寻找一些外生的场景去识别因果关系。我们这篇文章就用了2005年的农业税改革作为外生冲击,采用了difference-in-differences(DID)方法。

至于研究背景,我就不再仔细讲了。农业税的制度背景是2005年国家相关部门在扶贫开发工作重点县实行了免征农业税的政策。这其实就是我们现在所说的试点工作,然后慢慢地在其他地区也进一步降低农业税的税率。2005年上半年,中国22个省(区、市)免征农业税;2005年底28个省(区、市)及河北、山东、云南三省的210个县(市)全部免征了农业税。然后我国在2006年1月1日正式废止了《农业税条例》。这是外生的研究场景。

我们的数据来自几大工业企业数据库,每个研究年度收集并合并了4万家左右的企业污染排放及部分财务的数据。同时我们也进行了双方查勘设计,需要收集每个县农业税收在其财政收入中占的比重数据。因为如果一个县的农业占比可以忽略,免除农业税对地方政府来说就毫无财政压力,但如果一个县的农业占比较大,农业税的免除就会对地方财政收入造成较大冲击。这里面还有一些转移支付方面的因素,我们也做了一些调整,然后通过这样的步骤,我们推导出表1,可以看到控制组和研究组的差别还是很大的。第二列平均值就是整个县级的农业税,从这个平均值可以看出,湖北是20.5%,北京只有0.6%,农业税在不同地方的差异是非常大的。

**表1 财政收入和农业税收**

| 省份 | 县的数量 | 农业税税率 | | | 财政收入(10000元) | | | 农业税(10000元) | | |
| --- | --- | --- | --- | --- | --- | --- | --- | --- | --- | --- |
| | | 平均值 | 标准偏差 | P50 | 平均值 | 标准偏差 | P50 | 平均值 | 标准偏差 | P50 |
| 安徽 | 105 | 0.195 | 0.14 | 0.19 | 10790 | 6257 | 9346 | 2229 | 1944 | 1903 |
| 北京 | 18 | 0.006 | 0.01 | 0.001 | 189782 | 187723 | 103819 | 659 | 1112 | 90 |

续表

| 省份 | 县的数量 | 农业税税率 | | | 财政收入(10000元) | | | 农业税(10000元) | | |
|---|---|---|---|---|---|---|---|---|---|---|
| | | 平均值 | 标准偏差 | P50 | 平均值 | 标准偏差 | P50 | 平均值 | 标准偏差 | P50 |
| 重庆 | 42 | 0.155 | 0.078 | 0.139 | 26327 | 20290 | 19997 | 3988 | 3778 | 2684 |
| 福建 | 90 | 0.111 | 0.097 | 0.081 | 19113 | 20414 | 10675 | 1347 | 1095 | 1120 |
| 甘肃 | 87 | 0.187 | 0.125 | 0.172 | 4672 | 5383 | 3265 | 619 | 555 | 533 |
| 广东 | 118 | 0.078 | 0.056 | 0.072 | 64043 | 304867 | 12472 | 4111 | 15106 | 811 |
| 广西 | 116 | 0.107 | 0.08 | 0.103 | 10775 | 7139 | 9092 | 1109 | 1206 | 845 |
| 贵州 | 88 | 0.192 | 0.129 | 0.161 | 9578 | 8719 | 6424 | 1378 | 1067 | 1119 |
| 海南 | 21 | 0.091 | 0.062 | 0.105 | 10538 | 11327 | 5981 | 840 | 964 | 596 |
| 河北 | 195 | 0.144 | 0.121 | 0.117 | 10050 | 11976 | 6064 | 1030 | 1322 | 635 |
| 黑龙江 | 132 | 0.069 | 0.082 | 0.048 | 6750 | 10644 | 3423 | 450 | 784 | 113 |
| 河南 | 158 | 0.174 | 0.142 | 0.135 | 13904 | 11031 | 10367 | 2009 | 1593 | 1962 |
| 湖北 | 101 | 0.205 | 0.114 | 0.193 | 13686 | 11287 | 11351 | 2672 | 2570 | 1992 |
| 湖南 | 122 | 0.156 | 0.089 | 0.143 | 13218 | 11180 | 9963 | 1906 | 1715 | 1620 |
| 内蒙古 | 101 | 0.11 | 0.118 | 0.071 | 12877 | 13954 | 7328 | 1152 | 1716 | 647 |
| 江苏 | 104 | 0.117 | 0.079 | 0.117 | 58951 | 66894 | 36042 | 6001 | 7544 | 3919 |
| 江西 | 110 | 0.144 | 0.085 | 0.144 | 10574 | 5992 | 9873 | 1453 | 1101 | 1196 |
| 吉林 | 60 | 0.121 | 0.077 | 0.098 | 8497 | 5656 | 6859 | 1095 | 1148 | 602 |
| 辽宁 | 113 | 0.126 | 0.086 | 0.106 | 17404 | 18747 | 11001 | 1806 | 1645 | 1286 |
| 宁夏 | 21 | 0.082 | 0.063 | 0.063 | 6217 | 4786 | 5037 | 366 | 307 | 235 |
| 青海 | 49 | 0.094 | 0.126 | 0.033 | 2764 | 4053 | 1251 | 247 | 308 | 146 |
| 陕西 | 107 | 0.161 | 0.099 | 0.157 | 10305 | 13842 | 5224 | 1067 | 1125 | 614 |
| 山东 | 143 | 0.151 | 0.085 | 0.142 | 32284 | 23082 | 24218 | 4395 | 4618 | 3012 |
| 上海 | 19 | 0.114 | 0.053 | 0.113 | 330073 | 233141 | 289432 | 39308 | 32650 | 32079 |
| 山西 | 129 | 0.071 | 0.076 | 0.05 | 7366 | 6289 | 5654 | 359 | 407 | 204 |
| 四川 | 184 | 0.139 | 0.099 | 0.132 | 9112 | 12068 | 5385 | 1066 | 986 | 831 |
| 天津 | 21 | 0.109 | 0.066 | 0.087 | 62662 | 60714 | 48773 | 6574 | 5904 | 4452 |
| 西藏 | 74 | 0.001 | 0.003 | 0 | 555 | 630 | 345 | 1 | 3 | 0 |

续表

| 省份 | 县的数量 | 农业税税率 | | | 财政收入(10000元) | | | 农业税(10000元) | | |
|---|---|---|---|---|---|---|---|---|---|---|
| | | 平均值 | 标准偏差 | P50 | 平均值 | 标准偏差 | P50 | 平均值 | 标准偏差 | P50 |
| 新疆 | 99 | 0.149 | 0.112 | 0.117 | 8036 | 9198 | 4452 | 685 | 659 | 442 |
| 云南 | 129 | 0.233 | 0.153 | 0.21 | 10021 | 13624 | 5565 | 1921 | 2038 | 1229 |
| 浙江 | 89 | 0.105 | 0.06 | 0.106 | 58635 | 43842 | 50847 | 6145 | 6658 | 4.536 |
| 合计 | 2945 | 0.135 | 0.112 | 0.112 | 20480 | 75386 | 8581 | 2154 | 5777 | 959 |

因此,我们认为免除农业税带来的影响是比较大的。我们也可以衡量该政策全面实施后不同地方政府面临的财政压力。这是很简单的一个研究设计,回归结果如表2所示。

**表2 财政紧缩和二氧化硫排放**

| Dep. Var. | (1) $LnSO_2$ | (2) $LnSO_2$ | (3) $LnSO_2$ | (4) $LnSO_2$ | (5) $LnSO_2$ | (6) $LnSO_2$ |
|---|---|---|---|---|---|---|
| DID | 0.040*** (2.85) | 0.046*** (3.45) | 0.041*** (2.96) | 0.040*** (2.96) | 0.044*** (3.43) | 0.039*** (2.98) |
| 年龄 | | | | 0.046*** (7.45) | 0.037*** (6.03) | 0.038*** (6.56) |
| 规模 | | | | 0.135*** (15.87) | 0.133*** (15.38) | 0.133*** (15.55) |
| 员工 | | | | 0.213*** (21.19) | 0.197*** (20.28) | 0.206*** (20.68) |
| 举债 | | | | −0.028* (−1.72) | −0.028* (−1.69) | −0.026 (−1.59) |
| 状态 | | | | 0.019 (1.28) | 0.031** (2.13) | 0.018 (1.25) |
| 资金 | | | | 0.186*** (6.58) | 0.164** (5.95) | 0.174*** (6.29) |

续表

| Dep. Var. | (1) $LnSO_2$ | (2) $LnSO_2$ | (3) $LnSO_2$ | (4) $LnSO_2$ | (5) $LnSO_2$ | (6) $LnSO_2$ |
|---|---|---|---|---|---|---|
| Firm FE | Yes | Yes | Yes | Yes | Yes | Yes |
| Industry* Year FE | No | No | Yes | No | No | Yes |
| Province* Year FE | Yes | No | Yes | No | No | Yes |
| Industry* Province* Year FE | No | Yes | No | No | Yes | No |
| N | 264,743 | 264,743 | 264,743 | 264,743 | 264,743 | 264,743 |
| Adj. $R^2$ | 0.844 | 0.856 | 0.846 | 0.847 | 0.858 | 0.848 |

注：* 代表 $p<0.05$，** 代表 $p<0.01$，*** 代表 $p<0.001$。

我们发现，受到冲击越大、财政压力越大的地方，后期企业的污染排放水平就越高，这是一个基本的检验。现在的双重差分设计有一套比较标准的研究模式，我们也都尝试了下，如安慰剂检验等，结果是一致的。

我们还探索了一下影响机制，发现可能政府对于绿色创新的投资会减少，对污染排污的处理投入也会降低，同时税收负担也会有一些变化。我们还进行了一些其他探索，包括对地方环境规制以及其他指标，这个没有什么特别要讲的。

大家如果感兴趣，我们可以回头 E-mail 交流。因为今天时间紧张，我就讲到这。整体来说，我们发现在一个比较小的外生冲击下，当政府面临财政压力时，企业污染排放确实有显著的提高。当然，我们后期还做了一些其他的研究，比如将企业排污折算进行福利分析。然后因为污染水平的提高还涉及对人们健康的影响，也可以转换进行分析。我们未来会再补充一些研究。

谢谢大家！

整理：马佳淇　校对：赵雪梅

# 第五部分
## 「中国式现代化新道路与经济高质量可持续发展」论坛学术报告

# 创新是经济高质量发展的第一动力

张燕生①

---

大家好,我今天演讲的题目是《创新是经济高质量发展的第一动力》。我选这个题目主要是为了纪念张培刚老师。近40年前,也就是1983年的7月,我作为张培刚老师的81级研究生,跟随张培刚老师去昆明参加中华外国经济学说研究会的第二届学术研讨会。当时张培刚老师和胡俊杰老师为大会提交了一篇论文,题目是《马克思论科学技术在经济社会发展中的地位》。我非常清楚地记得张老师和胡老师这篇论文的核心观点就是"科学技术是第一生产力"。党的二十大提出"科技是第一生产力、人才是第一资源、创新是第一动力"。这让我更加钦佩张培刚老师40年前的远见卓识。因此,我今天发言的主题是讨论科技如何成为第一生产力、人才如何成为第一资源、创新如何成为第一动力。

按照熊彼特的解释,创新是建立一种新的生产函数。张培刚老师把"工业化"定义为"国民经济中一系列基要生产函数或生产要素组合方式连续发生由低级向高级的突破性变化或变革的过程"。张培刚老师对工业化的定义,突出了生产技术的突破性变化,认为这是一场社会生产力的变革,生产技术的突破性变化引发社会生产力的变革,由此引发组织结构、制度观念等一系列变化。

现在回顾过去40年中国改革开放的"第一"——广东的东莞建立了第一个"三来一补"的加工厂,叫太平手袋厂;广东佛山的顺德建立了第一批"三来一补"的工厂,叫大进制衣厂,生产牛仔裤;当时的温州进行了全国第一张个

---

① 中国国际交流中心首席经济学家。

体工商户的注册;武汉的汉正街成为第一个全国性的小商品市场——可以看到,对于我国的改革开放,张培刚老师早在20世纪40年代完成的《农业与工业化》这本发展经济学创始之作中就有所提及。中国的经验验证了张培刚老师早年形成的思想,中国已经嵌入了国际工序分工体系,参与国际经济大循环,引入外来竞争压力,解放和发展社会生产力。

当中国经济40年高速增长、步入面向未来的高质量发展阶段、强调创新是第一动力时,更加使我想起那次张培刚老师讲的"科学技术是第一生产力",这与党的二十大报告提出的"科技是第一生产力"理念完全契合。从发展经济学的角度来讲,这是一个非常重要的思想。因此,在我的第一张PPT数据中,我们用国家统计局、科学技术部和财政部发布的《2021年全国科技经费投入统计公报》的数据(见表1),计算该年全国研发经费投入占GDP的比重,即研发经费投入强度。可以看到,改革开放40年后的中国经济,可以分为三个不同发展动能和发展阶段的板块。其中,张培刚老师讲的生产技术突破性的变化引发了社会生产力的变革,是对动能和阶段进行划分的一个核心要素。

表1 2021全国研发经费投入及强度

| | 研发强度(%) | 研发投入(亿元) | 研发占比(%) | 省(自治区、直辖市) |
|---|---|---|---|---|
| 全国 | 2.44 | 27956.3 | | |
| 创新驱动 | 2.94~6.53 | 14621.9 | 52.3 | 京6.53 沪4.21 津3.66<br>粤3.22 苏2.95 浙2.94 |
| 投资驱动 | 1.7~2.35 | 11494.4 | 41.1 | 陕2.35 鲁2.34 皖2.34<br>鄂2.32 川2.26 湘2.23<br>辽2.18 渝2.16 闽1.98<br>冀1.85 豫1.73 赣1.7 |
| 资源驱动 | 0.29~1.56 | 1840.1 | 6.58 | 宁1.56 吉1.39 黑1.31<br>甘1.26 晋1.12 滇1.04<br>内蒙古0.93 黔0.92<br>桂0.81 青0.8 琼0.73<br>新0.49 藏0.29 |

第一个板块已经进入创新驱动的阶段,一共有 6 个省、市,包括北京、上海、天津、广东、江苏、浙江,它们的一个突出变化就是研发强度相当高,即使是研发强度最低的浙江(2.94%)也远高于 OECD 的平均水平(2.47%)。从这个角度看,40 来年的改革开放过程中,生产技术突破性的变化引发了社会生产力的变化,中国的第一方阵已经进入创新驱动阶段,它们需要解决的主要是以下三个问题。

第一,基础研究、应用基础研究相对薄弱。2021 年,我国基础研究经费占全社会研发经费的比重是 6.5%。国家"十四五"规划提出的目标,是在"十四五"期间把中国的基础研究占全社会研发投入的比重从 6%提升到 8%左右。我的期待是未来中国用 25~30 年的时间,把基础研究占全社会研发经费的比例提升到世界主要发达国家的同等水平。为此,国家可以进行基础研究十年发展规划,用一个较长的时间,把中国的科学发现、基础研究、原始创新做上去,这是一场马拉松,需要足够的耐心和定力。

第二,进行科学发现、技术发明和创新的体制机制改革。这是关键。张培刚老师在早年发展经济学的研究中,就强调了制度创新是第一要义。我们要加快推进科技体制机制改革,从过去高速增长形成的浮躁中沉淀下来,十年磨一剑,从"拿来主义"转向高水平自立自强。2021 年,国家出台《科技体制改革三年攻坚方案(2021—2023 年)》,就是要促进科技体制创新、推动科技创新。

第三,在中美科技挂钩与脱钩的较量中,推动科技领域全方位国际合作。其中最重要的一环是解决如何营造全方位国际合作的科技生态系统、构建跨境创新网络。过去三年,中国与包括美国在内的西方国家在科技界、工商界及社会各界之间的对话交流与合作受到新冠疫情严重隔离的影响,要尽快恢复常态。

同时,通过这个指标,我们可以看到过去的六年,无论是国家总体创新发展还是地区行业创新发展,创新投入强度和创新投入金额都已经进入持续快速增长阶段。过去六年,我们全社会研发投入增长率都在 10%以上,2021 年是 14.2%,企业研发投入增长率达到 15.5%。同时,境内有效发明专利增长率也呈现快速增长的发展态势。这标志着国家、地区、行业和企业持续提升技术进步的投入产出效率正在成为一个新趋势。

在第二个板块,我们可以看到我国12个省、市的研发投入强度略低于OECD的平均水平,但是等于或高于1.7%的中等水平,其动能仍处于投资驱动阶段。在这12个省、市中,陕西的研发强度为2.35%,山东的研发强度为2.34%,安徽的研发强度为2.34%,湖北的研发强度为2.32%,四川的研发强度为2.26%。这个板块虽然说研发强度越来越接近OECD的平均水平,尤其是这个方阵的排头兵,但要真正实现发展动能从投资驱动到创新驱动的转换,还是存在各自需要解决的体制机制问题、结构性问题和发展模式问题。像湖北,它的研发强度2.32%应当是比较高的,而且年度研发投入资金已相当多,但湖北要想真正从投资驱动转换到创新驱动阶段,首先需要解决中部内陆地区如何推动高水平对外开放的问题,也就是解决如何提高湖北的国际化、市场化和法治化水平,并与国际高标准制度规则对接的问题。

第三个板块有13个省(区、市),它们的研发强度低于1.56%,也就是说,这13个省(区、市)一年投入的创新经费还不到广东一个省一年投入的一半。从这个角度来讲,第三个板块的发展动能仍然是处于资源驱动阶段。第三板块如何推动高质量发展?它们的技术进步、绿色发展和共同富裕的优先序与第一板块、第二板块有什么不同?这是我们需要研究的。

因此,40年改革开放实际上在中国形成了三个发展阶段不同、动能驱动不同的板块,即创新驱动、投资驱动和资源驱动。40年改革开放制度变革以及引入外来竞争的压力引发了我们的动能转换,使我们过去几十年的经济发展取得了良好业绩。1990年以来,日本GDP占美国GDP的比重下降了31%,德国GDP占美国GDP的比重下降了11%,而中国GDP占美国GDP的比重上升了71%。其中,科技创新和制度创新在这个过程中发挥了非常重要的作用。

下一步的中国经济高质量发展确实面临着国际环境和国内条件的深刻变化。从国际环境看,美国推动没有中国的全球化、没有中国的全球供应链、没有中国的亚太地区合作,导致全球经济分裂为两大平行体系的风险在上升。从国内发展看,贯彻新发展理念、构建新发展格局、推动高质量发展,中国经济进入新发展阶段。

从2021年全球制造业增加值分布看,中国达到29.78%,接近于第二到第五名的总和。但中国制造业由大到强仍十分艰难。我列了一个表(见表2),按照制造强国发展指数来衡量,可以看到,与2019年相比,2020年中国的制造强国发展指数上升了约6%。2020年我们处于第二阵列,和日本的制造强国发展指数相比,我们只差2分左右,与德国我们差9分左右,和美国差接近60分。从这个角度来看,我们必须回答两个问题,一是中国制造业从大到强,和日本、德国并驾齐驱是不是时间的函数;二是如果要进入第一方阵和美国并驾齐驱是不是时间的函数。关于第二个问题,答案可能更重要的是智慧的函数。

中国制造业由大到强,以下五个因素质的有效提升和量的合理增长是非常重要的:一是坚守实体经济;二是坚守科技创新;三是坚守对外开放结构;四是培育一流人才;五是打造一个国际化、市场化和法治化的营商环境。这样中国的制造业才能上一个又一个的台阶,由大到强,然后进入世界第一阵列。

表2 不同国家制造强国发展指数

| 国家 | 第一列阵 | 第二阵列 | | | 第三列阵 | | | 其他 | |
|---|---|---|---|---|---|---|---|---|---|
| | 美国 | 德国 | 日本 | 中国 | 韩国 | 法国 | 英国 | 印度 | 巴西 |
| 2019 | 168.71 | 125.66 | 117.16 | 110.84 | 73.95 | 70.07 | 63.03 | 43.5 | 28.69 |
| 2020 | 173.19 | 125.94 | 118.19 | 116.02 | 74.39 | 69.35 | 61.45 | 44.56 | 27.38 |

资料来源:《2021中国制造强国发展指数报告》,中国工程院战略咨询中心、中国机械科学研究总院集团有限公司、国家工业信息安全发展研究中心,2021年12月。

现在中美的战略博弈是下一步中国制造业由大到强面临的现实。我问了自己三个问题。

第一个问题是中美科技会脱钩吗?现在,美国在采用遏制中国的科技进步和竞争结合的策略,而且下一步美国将执行"小院高墙"策略,也就是在一些关键核心领域筑起高高的壁垒来与中国科技脱钩。再下一步美国可能采用"大院高墙"这种技术保护政策,也就是说,它不仅保护关键核心技术,而且像芯片,就是28纳米以上制成的普通芯片,可能也会采取技术保护的政策。在这种情况下,中国如何突破中美科技脱钩的困境,是我们下一步必须要回答的问题。

第二个问题是中美产业会脱钩吗?现在我们可以看到全球化在"去中国化",全球的供应链在"去中国化",全球的区域一体化在"去中国化"。在这种情况下,跨国公司的实践已经开始谋划,包含中国的供应链没有美国,包含美国的供应链没有中国,实现两个平行的产业体系。在两个平行的产业体系里,以中国为中心的产业供应链的未来有两种前景。一种前景就是依托国内大市场,畅通生产、分配、流通、消费各个环节这种双循环战略,使中国市场发展越来越好,预测有可能到2035年中国市场规模是美国和欧盟的总和。在这种情况下,中国有可能依托国内大市场,迫使跨国公司在守住中国市场的意愿支配下,把过去从来没有配置到中国的像研发、技术、设计、资讯等资源配置到中国,这是一种乐观主义的前景。还有一种悲观主义的前景,从美国与中国技术脱钩的设想来讲,就是美国把技术撤出中国,把关键零部件生产撤出中国,把人才撤出中国,仅仅把中国变成一个普通市场销售地。这两种设想的前景,哪一种最现实,是我们下一步必须要回答的问题。

第三个问题是中美金融会脱钩吗?因为现代金融都是资本市场,是市场经济的高端市场,但是可以看到,目前内外的金融规则不对接,是非常容易引发金融脱钩的。因此,如何推动现代金融科学技术和法治规则相结合以探索打破历史周期率的新途径,这个是下一步发展必须要回答的。

下一步的发展有三个因素对我们而言是非常重要,即技术进步、绿色发展和共同富裕。这三个因素的优先序是怎样的?未来10年这种优先序的动态均衡点在哪里?第二个10年优先序的动态均衡点在哪里?第三个10年优先序的动态均衡点在哪里?就我自己看来,这三个因素中技术进步是首要的,无论是绿色发展还是共同富裕,都离不开技术进步。绿色发展对下一步的发展、双碳目标而言,是非常关键的。去年煤电矛盾和这次俄乌冲突给我们最大的教训是,绿色发展一定要从实际出发,一定要先立后破,一定要建立在我们的技术进步基础上,像储能、调峰、氢能、生物质能源等,要在技术进步的基础上推动绿色发展。共同富裕是社会主义的本质要求,也是我国未来发展非常重要的方向和目标,但共同富裕要建立在高质量发展的基础上,建立在技术进步和绿色发展的基础上,也就是说,要切好和分好蛋糕,必须在做大和做好蛋糕的基础上来推进。因此,未来30年,我们非常希望能够探索出一条高质量发展之路、现代化发展之路。张培刚老师在40年前提出的科学技术是第一生产力的论断,我们希望在未来的30年能够变成现实。

谢谢大家!

**整理:樊亚欣　校对:陈见博**

# 二

## 金融市场推动 ESG 可持续发展

巴曙松[①]

非常高兴参加今天的会议,我今天想讨论的题目是《金融市场推动 ESG 可持续发展》(ESG 即环境、社会和公司治理)。中国提出"3060 双碳"目标,首先需要达到的目标是在 2030 年之前,使我国二氧化碳排放达到峰值,从现在开始的未来这几年应该是中国大规模去碳化的关键时期,对整个中国的经济结构、金融结构都会产生非常深远的影响,也需要金融业积极参与。今天我想就这个题目跟大家谈一点我们的一些思考。

实际上,总体来说,过去十年随着产业结构的变化,中国人均碳排放增速慢慢趋缓,同时,分行业来看,发电和供热行业、制造业和建筑业以及工业生产过程碳排放量比较高(见图 1),是我们下一步减碳转型的重点行业。我们要想达到碳达峰,这些行业是要首先进行改革的。

这些年,中国积极推进碳达峰碳中和行动,并且出台或建立了一系列相应的政策、框架、体系,形成了通常所说的双碳"1+1+N"的政策体系:1 个实施意见,1 个达峰方案,若干个实施方案、保障方案和相关政策。其中,1 个实施意见即《中共中央国务院关于完整准确全面贯彻新发展理念做好碳达峰碳中和工作的意见》,1 个达峰方案即国务院发布的《2030 年前碳达峰行动方案》,若干个实施方案、保障方案和相关政策包括重点行业行动方案以及若干领域的保障方案。具体来说,实现双碳目标的标志性的时间节点包括 2025 年、2030 年、2060 年(见图 2),其中,2025 年可以说是一个奠定基础的阶段,

---

① 北京大学汇丰金融研究院执行院长、中国宏观经济学会副会长、教授。

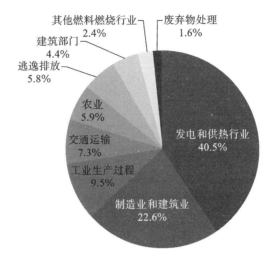

图 1 不同行业碳排放量

也是我们加快研究、做好准备的阶段,从整体趋势看,这一阶段的进程不仅会影响我们的经济发展模式,还会影响我们的经济发展政策体系的方向。

图 2 实现双碳目标的标志性的时间节点

双碳目标也会对中国金融市场产生非常深远的影响。金融市场覆盖许多方面的内容,比如绿色金融标准体系、绿色融资体系、绿色科研融资,境内与跨境绿色的基建,绿色贸易融资,绿色行业和转型所需融资,也包括绿色投资体系相关的指数和板块、绿色评估、金融科技等,再如绿色及可持续发展的相关信息披露和碳交易市场。全国碳排放权交易市场的发展也值得关注,通常一个交易市场分为前中后台,目前全国碳排放权交易市场的登记和结算中心在武汉。具体来说,在经济领域,双碳目标 ESG 的发展可以推动调整产业结构、低碳能源体系的发展,低碳交通运输体系的发展,绿色城乡建设,碳汇能力的开发和低碳科技的发展等;在政策体系方面,推动经济社会发展全面绿色转型、法律法规标准和统计监测体系衔接、绿色对外开放和国际合作是非常重要的。

在可持续金融发展方面,目前中国初步建立了三大功能和五大支柱的框架。三大功能指的是绿色金融积极发挥资源配置、风险管理和市场定价功能。资源配置是通过货币政策、信贷政策、监管政策、强制披露、绿色评价、行业自律、产品创新等引导和撬动金融资源向低碳绿色转型项目、碳捕集与封存等绿色创新项目倾斜。风险管理是通过气候风险压力测试、环境和气候风险分析、绿色和棕色资产风险权重调整等工具,增强金融体系管理气候变化相关的风险和能力,比如现在的银行资产负债表中某个特定行业的不良率还很低、风险不高,但是随着碳达峰、碳中和,它很可能受到去碳化的影响,在不长的时间里变成一个高风险的行业,所以要进行压力测试,提早进行资产结构的调整。市场定价就是推动建设全国碳排放权交易市场,发展碳期货这些衍生品,通过交易为碳排放市场合理定价。五大支柱包括以下五点:一是完善绿色金融标准体系;二是强化金融机构监管和信息披露要求(这些信息是我们进一步展开ESG投资的基础);三是逐步完善激励约束机制;四是不断丰富绿色金融产品和市场体系;五是坚持绿色对外合作。

从发展趋势来看,绿色及可持续金融发展需要大量的投资,根据初步的测算,我们要达到碳中和需要136万亿元,2030年前中国碳减排每年大概需要投入2.2万亿元,2030—2060年每年投入大概需要3.9万亿元。目前国家所提供的绿色信贷占全部贷款额的比重约为10%,未来绿色投资占全社会风险投资的比重可能超过25%。所以绿色及可持续金融的创新发展需要引导资金支持项目,向零碳、碳中和方向发展,包括完善绿色金融体系的政策框架、统一国内和国际绿色标准、通过绿色金融创新试验区来推动绿色标准产品服务创新和信息披露。从金融市场角度来看,绿色及可持续金融相关的年度融资额从2018年到2021年上升了381%,绿色及可持续金融相关的融资以债券和银行贷款为主,股本证券融资虽然基数低,但是增速快(见图3)。如图4所示,全球可持续投资的资产管理规模由2018年的30.7万亿美元上升到2020年的35.3万亿美元,这些投资占全球资产管理规模的比例上升到35.9%,已经成为资产管理市场上不可忽视的力量。全球市场上UN PRI

（联合国责任投资原则组织）的签署机构数目由2016年的1295家增加到2021年底的4569家，并且还在持续增长中。

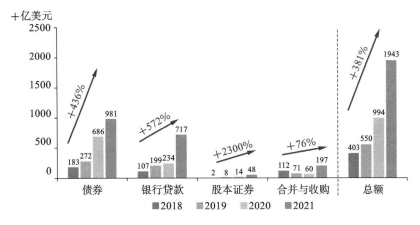

**图3　绿色及可持续金融相关的年度融资额**

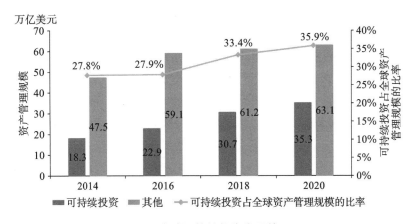

**图4　全球可持续投资发展情况**

在融资方面，我们看到大型企业和中小型企业主要是通过银行贷款来支持其绿色发展，资本市场特别是债券市场的重要性在稳步上升（见图5）。在投资方面，中国的ESG公募证券基金、可持续理财产品和ESG私募股权基金产品的投资金额在持续上升（见图6）。中国（不包括港澳台地区）PRI签署机构数目从2016年的4家增加到2021年底的78家，稳步上升。

图 5 企业通过银行贷款支持绿色发展

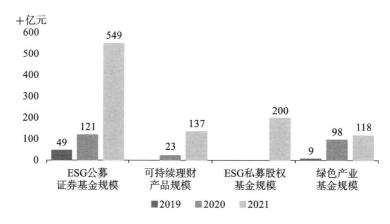

图 6 不同的投资方式

全球碳排放权交易市场规模也在持续增长,从图 7 可以看到,欧洲是规模最大的,北美其次,中国、韩国其实规模差不多,中国的经济体量大,呈现持续高速增长的趋势。

在资本市场发展过程中,通过交易所来积极参与绿色金融和 ESG 发展,对于推动碳达峰、碳中和具有积极的意义。我们梳理了一下全球的交易所参与绿色经济可持续发展的主要方式:一是本身的绿色产品及服务,二是绿化金融市场,三是 ESG 的信息披露,四是增加利益相关者之间的绿色对话。相比传统金融产品,ESG 产品注重 ESG 的信息披露,相关产品创新发展迅速,

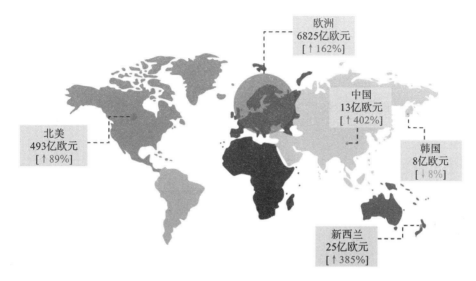

图7 全球碳排放权交易市场规模

以新的债券品种为主,其他资产类别的 ESG 产品也在逐步涌现。如图 8 所示,通过对问卷调查的统计可以看到,以 ESG 信息披露参与绿色经济可持续发展的交易所提供比较多的是绿色债券、可持续发展指数、可持续发展/社会责任债券、ESG ETF、ESG 排名或评级、碳交易平台、ESG 衍生产品、可持续发展挂钩债券等方面的内容。

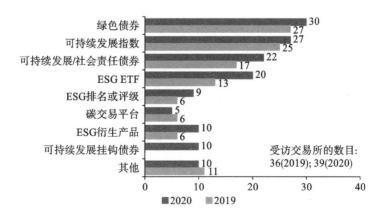

图8 以 ESG 信息披露参与绿色经济可持续发展的交易所提供的信息

交易所作为 ESG 信息披露的一站式平台,披露的信息直接影响到金融产品的发展,截至 2021 年,全球有 27 家交易所以强制性的 ESG 汇报规定作为上市要求。这些交易所涵盖 16000 多家上市公司,占全球上市公司数量的绝大部分(见图 9)。虽然这些交易所的 ESG 汇报参考标准各有不同,但是在同一个交易所上市的公司提供可比较的 ESG 信息,这些信息是有很大的业务拓展空间的。ESG 信息披露有助于从绿色可持续发展方面对公司进行分类,推动指数和其他 ESG 产品的发展,也有助于展示公司的长远愿景,吸引投资者的参与。

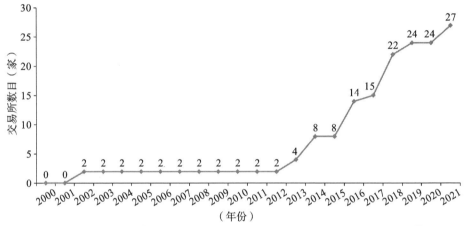

资料来源:2000 年至 2019 年的数据来自 United Nations SSE initiative: 10 Years of Impact and Progress,载于 SSEI 网站,2019 年 9 月 26 日;2020 年的数据来自 SSEI 网站上的 Stock exchange database,于 2022 年 3 月 21 日阅览。

**图 9 以强制性 ESG 汇报规定作为上市要求的交易所数目(2000—2021)**

绿色债券大多在交易所上市(见图 10),信息披露相对充分,大约 70% 新发行的绿色债券会于交易所上市交易,这个比例要高于其他类型的债券,重要原因是交易所提供分类和与 ESG 相关的信息披露,特别是有的交易所会提供专属信息平台。比如,香港交易所就有一个专门披露债券的绿色信息的平台。

ESG 指数的推出也有助于推动交易所买卖的 ESG 投资产品的发展,ESG 指数通常是基于某支母指数,结合 ESG 投资风格编制而成,包括正面和负面的筛选、调整权重和主题指数。大量数据研究表明,很多时候 ESG 指数的风险回报表现就算不比母指数更高,往往也会是不相上下(见图 11),ESG ETF 提供具流动性且低成本的工具投资 ESG 指数,根据贝莱德的统计,2020 年 3 月,可持续股票互惠基金的总成本平均为每年 1.15%,而可持续股票

图10 于交易所上市的绿色债券占当年至该季的全球绿色债券发行金额的百分比（2018年第四季度至2020年第三季度）

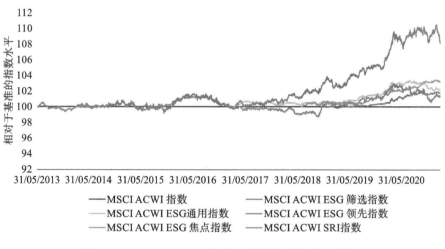

图11 MSCI ACWI ESG 指数系列的实时追踪相对表现
（2013年5月31日至2021年2月26日）

ETF大概只有0.28%，交易成本更低。所以贝莱德估计ESG ETF资产管理规模会在2020年之后的十年上升3倍，达到1.2万亿美金（见图12），而围绕中国的碳中和、碳达峰战略过程，亚太地区尤其是中国的需求是其中重要的增长力量。

交易所同样可以推出相关衍生品，比如将ESG指数期货作为风险管理工具。ESG ETF越来越多之后，市场推出更多ESG指数产品，包括ESG股票指数期货。这种产品最开始起步于欧美市场，如今亚太地区也处于起步阶

**图 12　ESG ETF 的数目和资产管理规模（2010 年至 2021 年）**

段（见图 13）。ESG 股票指数期货主要是价格发现、为持仓对冲，以及投资组合管理多元化。

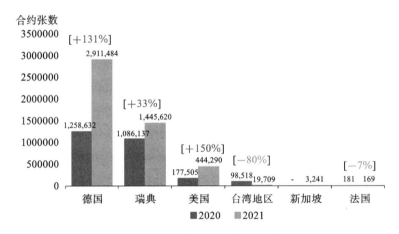

**图 13　市场推出 ESG 指数产品**

交易所同样可以通过积极支持碳金融产品创新来推动碳市场的发展。欧洲 EUA 的期货交易主要是在区域市场进行，其中 ICE 欧洲和欧洲能源交易所的占比最大（见图 14）。碳期货推动碳金融产品的发展，在市场发展过程中发挥着非常重要的作用，美国、韩国、爱尔兰、加拿大以及香港地区都推出了碳期货 ETF，其中包括追随欧洲 EUA 的 ETF 碳期货。

同时，交易所作为绿色金融产品和企业上市信息披露平台，其信息披露有非常积极的意义，可以推动产品的创新，可以催生不同类型的股票债券 ETF 风险管理产品和碳金融产品，同时采纳国际标准，按照不同资产类别，

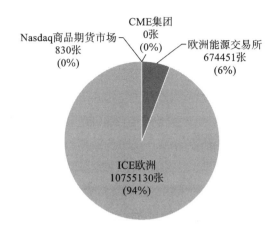

图 14 欧洲 EUA 的期货交易情况

采纳中国和国际均认可的绿色标准,进行标准对接,支持和参与国际倡议,有助于在全球范围内形成统一的市场。在信息披露方面,标准化,强制上市公司做 ESG 信息披露,交易所合作方绿色产品互挂,离岸发行上市,市场互联互通,这些方面都是大有可为的。

这就是我今天跟大家分享的内容,在中国推动碳达峰、碳中和过程中,金融业大有可为。这是一个相互的过程,如果没有金融业的参与,显然这种碳达峰、碳中和的推进会受到不同程度的影响;如果金融业不积极参与这个过程,可能本身也会面临很多新的挑战。

谢谢各位!

整理:张若楠　校对:樊亚欣

# 三
## 以数字化转型助力高质量发展

艾春荣[①]

尊敬的巴曙松理事长、张建华院长,感谢你们的邀请,并给我这个机会分享我个人对高质量发展的见解。在分享自己的见解之前,我想对今天获奖的各位学者表示热烈的祝贺:祝贺你们在发展经济学理论、实证和政策研究方面所取得的成就!我今天演讲的题目是《以数字化转型助力高质量发展》。

这里涉及数字化转型、高质量发展两个概念。两者之间的关系是怎样的呢?我们不妨回顾一下我国改革开放四十几年的发展历程。我国经济改革率先从农村开始,这导致农村剩余劳动力从生产力低的农业部门向生产力高的制造业部门大规模迁移。低廉的劳动力加上我国政府有效的产业政策引导、强有力的财政和货币政策支持,使得我国制造业保持了二十几年的高速增长,进而带动我国整体经济高速增长。我国做到这一点的根本原因是,改革开放初期国内市场供需严重失衡、供给严重不足,因此我们无论生产什么、生产多少,都会被国内市场吸纳。当国内市场供需基本平衡时,我国又加入了WTO(世界贸易组织),进入了更大更广阔的世界市场。世界市场对我国产品的巨大需求使我国制造业又有了十几年的黄金增长时间,最终使我国成为世界最大的制造国、世界最大的贸易国。我国在这段时期的政策很简单,就是供给端增加产能,而不必担心需求端的需求问题。但最近几年,国际市场和国际经济形势发生了根本变化。国际市场对我国产品的需求不再强劲,而国内市场又存在严重的需求不足问题,因此,内外需求不足成为制约我国经济增长的一个关键因素,仅仅依赖于供给侧的增长模式不再有效。最近一两年,我国实施的刺激供给端的财政和货币政策的效果不佳就是证据之一。

---

① 香港中文大学教授。

经济学家熊彼特指出,一个经济体要持续增长,必须不断创新。20世纪末21世纪初,数字技术的飞速发展是最大的创新之一。基于数字技术,人们可以将线下活动搬到线上进行,大幅度降低交易成本。互联网经济是对数字技术的应用,阿里巴巴、京东、腾讯、滴滴等都是互联网经济企业。虽然这些企业增长迅速,但相对于整体经济分量较小,无法充当经济的加速器。我国绝大多数传统企业还未意识到数字技术的潜在价值,这也是我国政府推动产业数字化的重要原因,政府希望广大传统企业通过数字化技术的应用提升生产力。随着数据技术的广泛应用,我们收集了大量即时数据。这些数据使得我们能够以数字化的形式展现人们的社会经济活动,也能反映人们开展社会经济活动的行为。这些行为信息可以帮助企业和政府减少信息不对称。例如,这些信息可以帮助企业洞察消费市场,设计和生产市场所需要的产品;帮助企业洞察运营和生产过程,降低成本、提高效率;帮助企业洞察供给者、供应链,帮助企业控制风险。对数据的洞察并将这些洞察应用于业务就是数字产业化的内涵。

数字经济包括产业数字化和数字产业化两个方面。数字经济也可以定义为基于数字技术和计算技术的经济。基于数字技术的经济就是产业数字化,基于计算技术的经济就是数字产业化。数字经济显然是未来的经济形态,一国数字经济的水平决定了该国在世界舞台的竞争地位,这也是我国政府把数字经济作为国家战略推动的主要原因。数字经济要求企业和政府进行数字化转型,这里的数字化转型包括两个方面:一方面是决定哪些活动在线上开展、哪些活动在线下开展;另一方面是要求企业和政府深度挖掘和分析内部和外部数据,并将分析结果应用于决策,提高决策水平,进而提高效率。产业数字化相对来讲比较容易实施,它只涉及技术,例如APP的开发与应用等,不涉及人或者企业文化的改变,也不影响企业组织形式的变化,总之,它不影响企业内部个人利益;而数字产业化的实施,相对来说要难得多,它不仅要求企业建设数据中心,具有机器学习和人工智能能力,更重要的是,它要求企业将其分析的结果应用于业务,也就是应用于业务的决策,难就难在后面这一环节,因为它取代了人的决策,因此影响到个人的利益。但是,对于一个企业来说,恰恰是后面这一环节更重要。基于数据和人工智能的决策能够使企业变得更加敏捷。运用数据能力、机器学习能力先于对手洞察需求的趋势与变化,是数字经济时代企业的竞争优势,它甚至可以决定企业的生死存亡。数字化转型对传统企业有巨大的好处。

传统企业应不应该尽快实施数字化转型?在实施的过程中会有哪些障碍和困难?国际上有没有经验可供我们借鉴?美国一家调查公司在2012—2022年的十年时间里,就这些问题跟踪调查了美国大型企业负责数据化项目的高层管理人员,这些企业包括大型金融企业,像美国花旗银行、高盛等投资银行,也包括大型制造业,像波音、通用电气、通用汽车,还包括大型化工和药厂。参与调查的是企业负责数字化项目或数字化转型的主管或者总裁,有时两者都参与,问的问题包括他们对数字化项目和数字化转型的认识、对数字化项目的投资支持力度以及效果、对数字化转型前景的看法等。十年跟踪调查的结果告诉我们,这些企业一开始就高度重视数字化项目的建设,以及数据中心的建设、机器学习与人工智能能力的培养,它们的投资是逐年增加的。十年之后我们再回头看,效果并不是很好,成功的少,失败的多。失败的主要原因有以下两点:一是野心过大,项目设计过于宏大;二是文化的障碍使得企业很难将数字能力与业务紧密结合。尽管如此,这些公司都表示未来它们会持续加大投资数字化转型,尤其是人工智能能力的培养。为什么会这样呢?因为这些企业非常担心一些初创企业会借助人工智能颠覆它们的业务,毕竟初创企业并不存在文化的障碍,也没有组织形式和人的障碍,相较于传统企业,初创企业的优势在于没有历史的包袱。正是出于这一原因,这些公司的相关负责人一致同意数字化转型是未来的方向,而他们也认为人工智能是未来颠覆性的技术。

那我们国家数字经济建设成就又是怎样的呢?据中国信息通信研究院估算,我国数字经济差不多占我国整体经济的一半,在世界上处于前列。我个人并不这么认为,我认为我国数字经济建设还处于启蒙阶段,因为中国信息通信研究院是基于现有统计体系进行的统计和预测,但数字经济改变了企业的经营和生产模式,也改变了市场的竞争态势,甚至改变了企业的形态,因此,现有统计体系已不再适应数字经济时代。无论如何,国际经验给了我们三点启示:第一,数字化转型是一个漫长的过程,可能需要二十年、三十年甚至五十年才能完成,不可一蹴而就;第二,要通过培训来克服人的障碍,我国相当多的企业甚至包括部分政策制定者,对数字经济的内涵并不十分理解,更谈不上推动数字经济的建设,因此培训是一个很重要的环节;第三,野心不要大,针对一个难点或痛点,开发数字化应用技术,保证项目带来可见的价值。

这就是我今天带给大家的分享,谢谢大家!

整理:陈姿羽　校对:张若楠

## 四
## 高校在构建新发展格局中的历史使命

赵凌云[①]

各位老师,各位同学:

大家上午好,非常感谢华中科技大学经济学院邀请我来参加这个论坛。首先,我对华中科技大学 70 周年校庆表示热烈的祝贺,也对本届获奖的各位老师、各位新锐表示热烈的祝贺!

我们这次讨论的主题是"中国式现代化新道路与高质量发展",这个主题可谓意义重大,因为党的二十大即将召开,将对中国式现代化做出全面部署。结合论坛的主题,我想谈谈"高校在构建新发展格局中的历史使命"。

为什么要谈这个呢?因为说到新发展格局,大家都知道就是指国内大循环为主体、国内国际双循环相互促进的发展格局,所以大家谈新发展格局往往是基于经济循环的角度,也就是从经济发展的角度展开。大家普遍认为,新发展格局是一种新经济循环方式,与高校无关。那么,高校在新经济循环中到底有没有作用,有没有什么地位?我作为一名高校管理者一直在思考这个问题,我的看法是高校是构建新发展格局的重要力量,高校肩负着推动新发展格局形成的历史使命,要根据新发展格局对办学治校体系进行重构。这是今天我要讲的三个基本观点。

第一,高校是构建新发展格局的重要力量。我们不能仅仅把新发展格局理解为国内大循环、国内国际双循环,这是表象。新发展格局的本质内涵是什么?是发展的独立性、自主性、安全性。新发展格局是一个大逻辑、大格局,新发展格局是实现中国式现代化的发展格局,其贯穿现代化的全过程,贯

---

① 华中师范大学党委书记、教授。

穿未来30年中国现代化的各方面。新发展格局又是一个大格局，它是中国新发展阶段的发展格局，覆盖新发展阶段的各个方面，包括经济、政治、社会、文化、教育等领域。理解高等教育在新发展格局中的地位，必须透过新发展格局的表象，把握它的本质，即发展的安全性、自主性、独立性。其中，安全性是发展的根本出发点，自主性是安全性的根本保障，独立性是发展的根本立足点，所以安全性是第一位的。党的十九大以来，我们党在思考新发展格局的时候逐步递进，但始终把安全性放在突出地位。2013年，党中央判断中国经济处于增长速度换档期、结构调整阵痛期、前期刺激政策消化期"三期叠加"阶段，提出增强发展的平衡性、协调性、可持续性，强调走更高质量、更有效率、更加公平、更可持续、更为安全的发展之路。2017年，党中央认为中国经济已由高速增长转向高质量发展，强调高质量发展的特征之一就是更为安全。2020年，党中央提出新发展格局，强调通过国内大循环提升中华民族的生存力、竞争力、发展力、持续力，特别强调在国际局势急剧变化的形势下，通过巩固扩大国内经济循环体系，建立稳固的发展基本盘，确保中华民族伟大复兴进程不因外在力量而迟滞甚至中断，中华民族伟大复兴的进程不被逆转。党的十九届五中全会提出把统筹发展和安全作为党治国理政的重要原则，强调办好发展和安全两件大事。新发展格局的立足点是发展的安全性，可是我们的发展环境越来越不安全，外部形势变化对我们的威胁越来越大。高等教育怎样保障发展的安全性呢？高等教育通过科技安全、人才安全、知识安全，提升发展的安全性，从而为构建新发展格局做出自己的贡献。因此，在构建新发展格局的过程中，高等教育不能置身事外，高校不能置身事外。

第二，高校在构建新发展格局中的历史使命，就是推动科技自立自强、人才自主培养和构建自主知识体系。过去40多年，高校对社会发展做出了巨大贡献，包括生产了很多科技成果，培养了很多人才，生产了很多知识。在第二个百年奋斗目标进程中，高校要继续在这些方面做贡献，但是做贡献的方式会有所不同。过去我们生产科技成果主要是"跟跑"，人才特别是高端人才的培养主要依靠国外平台，从国外引进、到国外留学，我们生产的知识很大一部分也是借鉴国外的知识生产方法和生产框架。现在，我们的科技生产、人才生产、知识生产的基础和平台都要转向国内，以国内为主。正是基于此，习近平总书记先后提出科技自立自强、人才自主培养、自主知识体系构建三大命题。关于科技自立自强,2021年5月,习近平总书记在中国科学院第二十次院士大会、中国工程院第十五次院士大会和中国科协第十次全国代表大会上提出高水平科技自立自强。2022年6月28日,总书记考察武汉时,也明确强调科技自立自强是国家强盛之基、安全之要。关于人才自主培养,2021年9月,习近平总书记在中央人才工作会议上的讲话中强调,要走好人才自主培养之路,提出了人才自主培养的命题。过去我们的人才主要是靠别人培养,特别是高端人才,下一步要靠自己培养。总书记讲,我国拥有世界上规模最大的高等教育体系,有各项事业发展的广阔平台,完全能够源源不断培养造就大批优秀人才,能够培养出大师,要有这样的决心、这样的自信。关于自主知识体系构建,2022年4月习总书记在中国人民大学考察时提出自主知识体系的命题,指出加快构建中国特色哲学社会科学归根到底是构建中国自主知识体系。过去我们的很多知识体系是外来的、借鉴的,有些甚至是移植的,下一步要构建自己的知识体系。科技自立自强、人才自主培养、自主知识体系构建这三大命题分别指向科技独立、人才独立、知识独立,分别导向科技自主权、人才自主权和知识自主权,分别强调科技主动性、人才主动性、知识主动性,科技竞争力、人才竞争力、知识竞争力,最后落脚于科技安全性、人才安全性和知识安全性。在新发展格局中,高校的重大使命就是担当科技自立自强的主体责任、人才自主培养的主体责任、自主知识体系构建的主体责任,通过推动科技自立自强、人才自主培养、自主知识体系为建设科技强国、人才强国、知识强国做出更大的贡献。

第三,高校要全面构建面向新发展格局的办学治校体系。高校近期有三大任务:一是在科技自立自强方面,要通过有组织的科研,汇聚力量,集成攻关,在重大关键领域推动科技自立自强;二是在人才自主培养方面,要加快完善人才培养体系,建设好新工科、新文科、新理科、新师范等,建设跨专业复合型人才培养平台,真正自主培养人才;三是在自主知识体系构建方面,扎根中国大地,瞄准中国问题,构建中国特色的知识与知识体系定义、内涵和标准,将中国经验升华为理论体系。高校还需要推动三个深度变革,即三个体系性重塑:一是重塑评价体系,整个高等教育系统要构建面向科技自立自强、人才自主培养、自主知识体系的学校评价体系、学科评价体系、人才评价体系;二是系统重塑资源配置体系,推动"产学研用"一体化教育资源配置机制,推动政府、社会、企业、学校一体化教育平台建设体制,真正将社会资源、教育资源汇聚于科技自立自强、人才自主培养和自主知识体系构建;三是重塑教育价值体系,特别是跳出"教育论"教育桎梏,在人类命运共同体、人类终极关怀、中华民族伟大复兴角度重新定义人的价值,要在现代化、民族复兴、民族生存力、国家竞争力、制度自主性、发展安全性角度重新定义高等教育的价值追求,重塑高等教育价值体系。高等教育要通过三个深度变革、三个急切任务的完成推动新发展格局的构建,同时通过三个体系性重构融入新发展格局。

谢谢大家!

# 五
# 农村现代化与乡村振兴战略

郭熙保[①]

首先,祝贺华中科技大学70华诞,祝贺今年张培刚发展经济学奖的获得者。我今天的演讲题目是《农村现代化与乡村振兴战略》。

在国外学界很少有人提"农村现代化"概念,国内有少数人提过这个概念,但是没有引起很大的反响。以往中央文件中使用"农业现代化"概念或者"三农"概念,或者"社会主义新农村"概念,也没有提及"农村现代化"概念。2017年,党的十九大首次提出"农业农村现代化"概念,之后中央文件当中经常涉及这个概念,并且将其与乡村振兴战略连在一起。

我这里要讲的第一个问题是什么是农村现代化。党的十九大提出的概念是"农业农村现代化",随后的涉农文件通常整体上使用这个概念,没有把它拆开。但是2021年中央一号文件有这样的表述:"坚持农业现代化与农村现代化一体设计、一并推进。"这表明中央提出的"农业农村现代化",实际上包含了农业现代化和农村现代化两个意思,或者说是农业现代化和农村现代化的一个集合。

农业现代化是指农业部门的现代化,属于产业范畴,对应的概念是工业和服务业;农村现代化是指农村地区的现代化,属于区域或空间范畴,对应的概念是城市。农业生产当然与土地有关,主要是在农村地区进行,但是它也不限于农村,设施化、工厂化的农业,比如无土栽培也可以在城市进行。与农业生产有关的生产资料,比如化肥农药是在城市生产,农产品加工销售大部分在城市进行,农业科研和教学也在城市进行,所以与农业有关的活动并不

---

① 武汉大学经济发展研究中心教授。

仅限于农村。此外,农村不仅仅从事农业生产,也有大量的工商业、金融业、服务业等非农业经济活动,而且随着经济的发展,非农业经济活动所占比重会越来越大。因此农业不等于农村,农业现代化也不等于农村现代化。

我在衡量农业现代化时提出了一个主要指标——工业、农业劳动生产率的差距。在发展初期,农业劳动生产率比较低,工业劳动生产率比较高,随着农业劳动力的转移,农业劳动生产率也在加速提高,缩小了与工业劳动生产率的差距,而当一个国家的农业劳动生产率接近工业劳动生产率的时候,我们就说这个国家实现了农业现代化。衡量农村现代化的主要指标是城乡居民收入的差距。在发展初期,农村居民的收入与城市居民的收入差距比较大,随着人口的流动,农村居民收入水平上升比较快,当农村的居民收入上升到接近城市居民收入水平时,我们就说农村实现了现代化。当农业相对劳动生产率的提高与农村人口相对收入水平的提高保持同步时,农业现代化就与农村现代化保持同步,如果这两者增长的速度不是同步的,那么农业现代化可能快于农村现代化。

第二个问题是为何要提出农村现代化,也就是中央提出农村现代化的背景是什么。这主要是因为农村现代化滞后于城镇化,也滞后于农业现代化。我国农村现代化在过去40年当然也取得了巨大的成就,首先是贫困发生率持续降低,1978年我国农村贫困人口有7.7亿,到2020年底按照最新的标准已经全部脱贫。我国农村居民可支配收入持续增加,与城市居民可支配收入差距也是先扩大后缩小,最近十几年一直在缩小。但是农村现代化的进程相对于城镇化来说仍然是滞后的,居民收入水平是衡量农村现代化的核心指标,从城乡居民可支配收入差距可以看到,我们的城乡差异还是在2.5倍以上,这表明我国农村现代化落后于城镇化。当然,我这里提出一个新的判断标准,即农业劳动力人均生产总值与农村居民可支配收入之比能够表明农业现代化与农村现代化之间的平衡关系,这个比例从1978年到2003年波动下降,2004年到2020年呈逐渐上升趋势,这表明前20年农村现代化进程是快于农业现代化进程的,但近20年,我国农村现代化滞后于农业现代化。农村现代化滞后不仅仅体现在农村居民可支配收入上,还体现在公共产品和社会治理上:一是农村基础设施条件差;二是农村教育、文化和社会保障等公共服务水平比城市要低;三是农村精神文明建设与城市相差甚远;四是乡村治理体系和治理能力比城市弱。从各个方面来看,我国农村现代化水平都比较低,所以我国最大的不协调发展,就是城乡发展不协调,农业是"四化同步"的短板,而农村是短板中的短板。

总的来说,我国农业现代化取得了突出的成就,但是农村现代化发展相对滞后,这是中国当今"三农"问题的现状。在这个时代背景下,党的十九大提出农业农村现代化和乡村振兴战略,其主要着力点就在农村现代化上。

第三个问题是农村现代化为什么会发展滞后。西方学界研究发展问题的学者,主要聚焦于农业发展问题,不太关心农村发展。原因可能是,一个国家实现了工业化和城市化后,绝大多数人就转移到城市了,从事农业生产的人口规模很小,比如美国从事农业生产的人口不到人口总数的3%,日本这一占比也不到5%。既然大多数人都生活在城市,住在农村的人很少,城市的现代化之光就会普照到农村,农村和城市就一样现代化了,因此没有必要单独研究农村发展和农村现代化问题。这个观点也许与发达国家的工业化、城镇化过程相符,但是与当今发展中国家的发展实践完全不符。我在这里用发展经济学经典模型——刘易斯模型的一些假设来对我们国家做一个分析。

假设一:农村转移出来的劳动力与留守农村的劳动力具有同质性,也就是说前者与后者具有相同的生产率和收入水平。中国的实践表明,这个假设是不成立的,中国劳动力转移呈现显著的异质性,转移出去的劳动力文化程度更高,而且年龄更小,以男性为主,这就使得留守农村的人口呈现老龄化、女性化和低素质化,结果是农业劳动生产率和收入水平增长缓慢,与城市差距不断拉大。

假设二:随着工业部门的扩张,农村人口持续向城市迁移,留在农村的人口会不断减少,当工业化实现时,大部分人口居住在城市,农村人口所占比例很低,此时,居住在农村的人口生活水平与城市没有什么差别。这个假设也被中国的实践所否定,由于劳动力转移与留守之间的异质性,中国留守在农村的人口素质和能力越来越低,无法满足企业的职业要求,即使城市有大量的就业机会,也无法向城市转移,而是沉淀在农村,形成一个数量庞大的"冗余"人口,我们把这部分名义上有劳动能力而实际上无法转移的人口称为"人口流动陷阱"。这是我在几年前提出的一个概念。在中国,处于"人口流动陷阱"的人口占总人口的30%左右,这个比例比发达国家在工业化实现后的农村人口比重要大得多,这么庞大的人口规模严重拖累了农村经济社会的发展,迟滞了农村现代化进程。

假设三:那些流入城市的迁移者能够在城市正规部门找到工作,其工资和福利水平与现有城市工人的工资和福利水平相当。这个假设在20世纪六七十年代遭到托达罗的批判,他发现拉美国家城市地区存在大量的失业现象,但是农村人口仍然向城市流动,他认为新迁移者一般难以短期在正规部门找到工作,为了养家糊口,他们必须首先在非正规部门找到一份临时性工作,但是托达罗认为这只是一个过渡,这些新迁移者经过一段时间的适应之后,也会逐渐在正规部门找到工作。然而中国的实践完全否定了刘易斯的假定,也否定了托达罗模型对刘易斯假设的修正。改革开放40多年来,中国农业劳动力大规模流入非农业部门,到目前为止已经有2.9亿,其中异地迁移的有1.7亿。流入城市的上亿迁移者几乎都在城市的非正规部门就业,处在城市正规部门的社会保障体系之外,即使在城市待一二十年也没有进入正规部门就业,他们的工资和福利水平远低于城市正规部门职工的工资和福利水平,并未享受城市繁荣之光的照射。中国的乡-城人口流动实践表明,刘易斯模型和托达罗模型的假设完全不符合现实。中国的乡-城人口流动与其他国家相比,具有独特性,自20世纪50年代起,中国一直在实行城乡二元户籍制度,以户口为载体。这种计划经济时期实施的制度在改革开放时期依然保留着,尽管其间有些小变动,但制度的内核并没有改变。城乡二元户籍制度的长期实施催生了独特的农民工群体,这是其他国家所没有的现象,农民工群体既非城市居民,也非农村居民,属于非城非乡的第三类人群。这个庞大的人口群体,不仅阻碍了城镇化进程,也迟滞了农村现代化进程。党的十八大尤其是十九大以来,国家加快城乡户籍制度和城乡社会保障制度的改革,使得农民工市民化进程加快,城乡居民收入差距缩小,但是目前还有2.5倍的较大差距。

假设四:市场机制能够解决城乡发展不平衡问题。刘易斯模型是建立在纯粹的市场机制基础上的,劳动力市场供求状况的不平衡导致城乡工资水平的差异,由此使得农村人口向城市流动。当农业剩余劳动力转移完成时,劳动力市场供求达到均衡,城乡工资水平开始趋同,二元经济变成一元经济,城乡居民收入差距也会消失。中国的工业化和城镇化过程并没有产生刘易斯模型所预测的结果,而是呈现城乡差距不断拉大的趋势。这是因为市场经济具有缪尔达尔所提到的循环累积因果特征。在工业化加速时期,城市具有巨大的规模经济和聚集经济效应,生产率和利润率比较高,农村优良的资源如高素质的人力和稀缺的资本不断地被城市虹吸,这就形成了一个恶性因果循环,而且该循环具有累积性质,导致城乡差距越来越大。与此同时,国家为了实现工业化,把大部分公共资源投入城市,城乡公共基础设施投资、公共产品配置严重不平衡,这也加速了城乡差距的拉大。当然,党的十八大以来,这个情况有所改善,但是到现在为止,这种城乡差距还是比较大的。

假设五:一个国家内部之间没有差距,也就是忽略一个国家内部地区的差距。刘易斯模型的创立者刘易斯,以及后来的发展者拉尼斯和费景汉都把国家或地区间的差异性忽略了。对于一个小型经济体来说这样是可以的,但是对于中国这样一个大国来说是不符合现实的。中国各地区在历史上就存在巨大的经济差异,东部地区与中西部地区的差异在改革开放之后不仅没有缩小,反而因为循环累积因果效应而拉大。即使东部地区农村实现了现代化,西部地区的农村现代化也还有很长的路要走。

通过对刘易斯模型的假设与中国实践的对比分析,我们可以得出如下结论:工业化和城镇化的发展不会使城乡差距缩小,反而会使其不断加大,这就解释了为什么农村现代化滞后,也解释了中央为什么要提出农业农村现代化和乡村振兴战略。

谢谢大家!希望以后有机会大家一起再讨论!

整理:袁晶玳　校对:赵煜航

# 六
# 中国式现代化进程中的农业农村发展

沈坤荣[①]

尊敬的各位专家,各位老师、同学,大家好!

我是来自南京大学的沈坤荣,非常高兴也十分荣幸受邀参加今天的盛会!

首先祝贺第九届张培刚发展经济学优秀成果奖和第五届张培刚发展经济学青年学者奖的各位获奖者!祝贺各位!

今年是华中科技大学建校70周年,在这个美好的时刻,衷心祝愿华中科技大学各项事业蒸蒸日上!

今天论坛主题是"中国式现代化新道路与经济高质量可持续发展"。事实上,中国式现代化是一个并联式的过程。工业化、信息化、城镇化、农业农村现代化是叠加发展的。发展经济学奠基人张培刚先生早在1945年就在其博士论文《农业与工业化》中指出:农业国家或经济落后国家,要想做到经济起飞和经济发展,就必须全面(包括城市和农村)实现工业化。

农业农村现代化征程中,由于政治、经济、文化、人口规模、资源禀赋、贸易条件、外部环境等不同,中国农业农村转型的发展路径与众不同。中国农业农村迈向现代化的进程中,经历了要素市场、产品市场等方面的制度与政策变革。21世纪以来,农村基础设施建设、文化教育、医疗卫生等公共产品的供给持续增长,公共财政覆盖农村的范围逐步扩大。2021年,党和国家明确强调"全面推进乡村振兴加快农业农村现代化",其中特别强调继续把公共基础设施建设的重点放在农村,包括继续发展公路畅通工程、供水保障工程

---

[①] 南京大学经济增长研究院院长、教授。

等传统乡村基础设施,同时还涉及数字乡村、智慧农业等"新基建"工程。

下面我想就两个案例研究来做一个简短的交流与分享。

1. 案例研究一:《中国农村土地制度改革的农户增收效应——来自"三权分置"的经验证据》

党的十八大以来,深化农村土地制度改革做出一系列重大决策部署,推动农村土地充分发挥其要素功能。首先,农村土地承包经营权确权登记颁证顺利完成;其次,进一步推进土地承包权和经营权的分离,实施农村承包地"三权分置"改革;最后,统筹推进农村土地征收、集体经营性建设用地入市、宅基地管理制度农村"三块地"改革,完善农村土地产权流转交易制度。

在农村土地制度改革中,"三权分置"是中国共产党建党百年以来的一次重大制度创新。"三权分置"开辟了中国农业农村现代化的新路径,夯实了乡村振兴的基石。

"三权分置"实现了由农地集体所有权和农户土地承包经营权的"两权分离"向"三权分置"的转变,标志着土地经营权的引入,这是对中国特色土地产权制度的进一步丰富。

"三权分置"是一项农村土地产权制度改革的中国式探索,具有政策放开、政策确立、法律明晰三个关键时间点。政策放开的时间点,可以追溯至1984年中共中央一号文件中的"鼓励土地逐步向种田能手集中"。1988年,《中华人民共和国宪法修正案》正式开禁农村土地承包经营权的流转。自党的十八大以来,中国全面总结地方土地流转的实践经验,于2014年正式确立了农村土地所有权、承包权、经营权"三权分置"的农村土地产权制度。2018年修正的《中华人民共和国农村土地承包法》进一步从法律意义上明晰了"三权分置"的法律效力。

中国农村土地制度的变迁呈现典型的"法律未动、政策先行"特点,因此,2014年"三权分置"的政策成为中央政策变动的"风向标",对其影响的评估具有重要的政策意义。

以"三权分置"为切入点,研究农村土地产权制度改革对农户收入的影响,是对中国特色土地产权制度的理论探索与实证检验。我们发表于《经济研究》2022年第5期的阶段性成果《中国农村土地制度改革的农户增收效应——来自"三权分置"的经验证据》一文,通过北大法宝数据库检索关于"三权分置"改革政策的省级实施政策,并参照 Chari et al.(2021)的做法,利用"渐进倍差法"来识别"三权分置"的因果效应,同时基于 2009—2019 年农业农村部的农村固定观察点数据及浙大卡特-企研中国涉农企业数据库,分析了农村土地"三权分置"对农户收入的影响及其机理。

我们研究的阶段性经验证据表明:第一,"三权分置"对农户增收的整体影响是积极的,2018年《中华人民共和国农村土地承包法》修正以来,"三权分置"政策效应有所加强;第二,从新型农业经营主体的作用机制看,"三权分置"主要通过工商资本下乡促进农户增收,而农民专业合作社与家庭农场的收入传导作用有限;第三,"三权分置"对壮大村集体经济有一定的积极影响,但目前村集体经济组织负担较重,期望以壮大村集体经济组织而富民是难以实现的;第四,从农户视角看,"三权分置"通过提升农户土地转出租金、增加农业投资、提高农业生产率、增加本地非农就业等渠道,显著促进了农户收入增长;第五,"三权分置"对欠发达地区和低收入群体农户有积极的收入影响,有利于农户收入差距的缩小。但是,客观评价农村土地"三权分置"的积极增收效应,其影响程度还比较有限,"三权分置"下农户的增收渠道仍有待拓宽。

我们的研究主要具有以下几个方面的意义:一是系统性检验了"三权分置"对农户收入及收入差距的影响;二是剖析了"三权分置"对经营权主体(新型农业经营主体)及所有权主体(村集体经济组织)的影响,及其对承包权主体(农户)收入的进一步传导效应,探索"三权"主体之间的协同发展问题;三是刻画了"三权分置"对农户土地流转、投资、信贷、生产率、非农就业的影响及其收入传递效应;四是将 2014 年政策确立与 2019 年法律明晰的政策效应区分开来,展开对比研究。研究的政策意义在于,提出在农业农村现代化进程中,统筹推进要素市场化配置、农村集体产权制度、农业经营体制等改革,在"三权"主体协同发展中探索农民实现共同富裕的道路。

2. 案例研究二:《中国式资本下乡的富民效应——基于万企帮万村的经验证据》

该案例主要研究的是如何促进城乡要素双向流动,总结下来有以下几点。

其一,由严格限制转向全面融合的人口流动政策变革。第七次全国人口普查数据显示,截至 2020 年,我国流动人口 3.75 亿,较 2010 年增长了

69.73%。大量流动人口呈现"钟摆式流动""青出老回"等特点。现阶段,党和国家顺势而为,积极建立服务型政府,不断完善公共财政制度体系,逐步缩小城乡与区域间的公共服务水平差距,让农村人口在医疗、教育、卫生、住房等多方面得到权益保障。

其二,由单向抽取转向鼓励反哺的资本下乡政策变革。2013年以来,中央一号文件多次鼓励工商资本到农村发展适合企业化经营的种养业。新时期,我国涉农企业投资显著增加。2015年9月,全国工商联、国务院扶贫办(已于2021年改名为国家乡村振兴局)、中国光彩事业促进会联合印发了《"万企帮万村"精准扶贫行动方案》。在此期间,民营企业走出了一条"先富帮后富、推动共同富裕"的中国式资本下乡道路,截至2020年底,"万企帮万村"精准扶贫行动组织动员12.7万家民营企业精准帮扶13.91万个被帮扶村。2021年7月,中华全国工商业联合、农业农村部、国家乡村振兴局、中国光彩事业促进会、中国农业发展银行、中国农业银行又进一步出台了《关于开展"万企兴万村"行动的实施意见》。

中国式资本下乡是一条先富帮后富、带动共同富裕的中国特色社会主义道路。我们的工作论文《中国式资本下乡的富民效应——基于万企帮万村的经验证据》基于浙大卡特-企研中国涉农企业数据库、全国农村固定观察点数据以及中华工商联合会"万企帮万村"帮扶数据,实证研究了"万企帮万村"政策下中国式资本下乡的形成机制及其富民效应。

研究发现,在"万企帮万村"政策带动下,帮扶企业先行下乡产生了良好的示范带动效应,撬动了其他涉农企业下乡投资,促进了技术、品牌等高端要素向农村集聚;"万企帮万村"政策通过资本下乡的中介效应显著促进农户收入增长与阶层跃迁,其积极作用机制在于促进村庄层面的新型经营主体发展、集体经济壮大、公共投资增加,进而促使农户要素配置优化及效率提升。但是,政府推动型的帮扶企业下乡,盈利性相对不足,可持续性堪忧;而市场导向型的非帮扶企业下乡,缺乏对欠发达地区和低收入群体的造血功能的促进,包容性有限。可见,中国式资本下乡新征程中,需要推动有效市场和有为政府更好地结合,将资本下乡由政策驱动变为内生主动,有效助力农民同步实现共同富裕目标。

需要指出的是,中国式现代化进程波澜壮阔,是不放弃农民,不以农业萎缩、乡村凋敝为代价的现代化过程。在此过程中,从改革开放之初的家庭联产承包责任制到新时期的农村土地"三权分置",无不是我们党和政府顺势而为的渐进性制度变革。

未来,我们要以保障粮食安全夯实人口规模巨大的现代化,以巩固拓展脱贫攻坚成果兜底全体人民共同富裕的现代化,以人居环境整治、基础设施建设、公共服务投入、乡风文明建设等乡村建设行动助力物质文明和精神文明相协调的现代化,以农业绿色发展建设人与自然和谐共生的现代化,以培育内需体系支撑走和平发展道路的现代化。

如今,我们需要用确定的中国式理念、中国式愿景,汇聚各类高端要素,以自身努力和精准谋划的确定性来应对外部环境的不确定性,释放增长潜力,构筑竞争优势,在中国式现代化进程中推进农业农村繁荣发展。

再次感谢各位!

# 七
# 多重政策目标与地方政府行为

方　颖[①]

首先祝贺华中科技大学70周年校庆,也对获得本届张培刚发展经济学奖的所有老师表示最热烈的祝贺!还要感谢华中科技大学经济学院张院长的邀请,让我有机会在此次盛会上报告我自己的研究工作。

大家都知道,如何解释中国经济奇迹是中国特色发展经济学的核心问题。改革开放40多年来,我们实现了一个经济增长的奇迹,在这个过程中,地方政府发挥了重要的作用。今天跟大家分享我关于多重政策目标与地方政府行为的一点思考。

中国的经济已经由高速增长阶段转向高质量发展阶段,这意味着我们必须摒弃过去"以GDP论英雄"的单一政策目标,而转向以创新、协调、绿色、开放、共享等新发展理念为基础的多重政策目标。今天想跟大家分享一个问题——在目前这样一个中央-地方关系的格局下,当中央政府对地方政府的考核由单一政策目标转变为多重政策目标时,地方政府的行为究竟会发生什么样的变化?

大量文献包括经济改革实践证明,地方政府在中国改革开放中发挥了重要作用,比如很多研究者提到了地方官员为谋求晋升而发展经济,将其形象地称为"晋升锦标赛"的制度设计;也有很多研究者提出中国式的财政联邦主义、分税制,提出可以通过地区经济的增长实现地方财政收入的增长,认为地方财政收入增长以后,地方政府就更有能力推动地方经济的发展,从而取得在晋升上的优势。这一系列的制度安排在过去取得了巨大的成功,但在目前

---

① 厦门大学校长助理、教授。

经济转入新常态的情况下,它事实上是难以为继的。

单一政策目标被多重政策目标替换后,原有的激励相融的格局就有可能被打破,比如多重政策目标可能有悖于地方政府最大化地方财政收入的内在激励,引发政治激励与经济激励之间的冲突;政策执行力度也会随着政策目标数量的增加而递减,从而使中央政府对地方政府的考核难度增加。在这两种情况下,地方政府可能根据政策考核的强度、激励相融的程度、政策执行的难易度、考核目标的清晰度以及考核期限长短等因素,有选择地决定不同政策的执行力度。换句话说,在多重政策目标下,地方政府的行为选择会有很大程度的不确定性,因为有多重均衡存在的可能。比如张军教授等学者在最近的研究中通过政策模拟发现不同考核指标对于实体经济具有不同的影响。

在对多重政策目标和地方政府行为进行理论分析后,我们主要以"坚决遏制房价上涨"与"蓝天保卫战三年行动计划"这两个政策为例,考察地方政府面临多重政策目标时的应对措施以及政策实施的效果。应该说,这两大政策目标对于地方官员的考核至少在形式上都具有"一票否决"的威慑力,而且这两大政策目标与地方政府最大化地方财政收入也存在内在激励的矛盾。但是两大政策目标在时间上有重合,在考核期间、考核目标的清晰程度方面也存在差异,这就为我们研究地方政府面临双重政策目标时的行为选择提供了很好的机会。

我们利用全国1496个空气质量监测站的污染监测数据进行双重差分分析。研究主要关注政策前后的时间段。过了这个时间段,情况会有所不同,因为随着两个政策的实施强度和考核强度的变化,结果可能会出现不确定性。研究发现,"坚决遏制房价上涨"政策实施后,监测站点的空气质量指数(AQI)显著上升0.039%。上述效应使得AQI在平均水平上上升了2.5个单位,也就意味着2016年到2017年,空气质量改善的情况不进反退,这说明政府在面临多重政策目标时实际上会有选择性地执行。通过进一步分析,我们发现政策实施前,地方政府制定的财政收入增长目标越高,控制房价政策对该城市空气质量的影响更大,同时发现控制房价上涨政策实施后,空气质量恶化主要源于工业污染物二氧化硫($SO_2$)浓度的增加,也就是说,地方政府存在牺牲环境保护目标来发展工业这样一个实际行为。

我们首先对地方政府的行为理论做一个简单的分析,因为步入经济新常态之前,我国政治上是中央集权,经济上是地方经济分权,这为地方政府最大化地方财政收入提供了经济激励,同时又是以 GDP 为目标的标尺式考核,三者之间有很大的激励相融的内在关系。一旦多重政策目标被打破,就会出现新的矛盾,比如,政策数量对地方官员忠诚程度的影响不一样,政策特性对地方官员的遵从力度的异质性影响也不同,而绩效仍然是地方官员晋升的必要条件。这几个条件结合后,我们发现:对于那些影响地方财政收入的中央政策,地方政府有减小政策执行力度以降低财政损失的动机;地方政府对于考核目标更清晰、考核期限较短的中央政策的执行力度更强,而对于考核目标较模糊、考核期限较长的政策的执行力度更弱。通过两项政策的对比我们发现,"坚决遏制房价上涨"政策实施以后,地方政府在抑制房价和治理环境权衡中可能减弱对环境保护政策的执行力度,从而导致空气质量下降。

我们使用的空气质量数据来源于中国环境监测总站的全国城市空气质量实时发布平台,我们将政策实施后的时间窗口限定于 2018 年之内,将政策实施前的时间区间选择 5 个月(3—7 月),对政策实施前的 5 个月和实施后的 5 个月进行对比,同时进行了稳健性检验,即将 2018 年下半年的 5 个月和上一年度的相同月份做对比。我们使用的具体方法是连续双重差分的设计,主要考虑土地财政依赖度,即土地出让金占财政预算内收入比重(邵朝对等,2016)来进行衡量。

这是我们的实证模型:

$$\log(\text{AQI}_{ijt}) = \beta \cdot \log(\text{landfis}_j) \cdot \text{post}_t + \alpha \cdot \text{blue}_{jt} + \text{city}_j \cdot f(t) + \delta_i + \theta_t + e_{ijt}$$

其中 landfis 表示土地财政依赖度,post 表示"坚决遏制房价上涨"政策推出的前后时间,blue 表示"蓝天保卫战"重点城市的虚拟变量,同时我们控制了非线性的时间趋势。

图 1 可以很好地说明问题,在政策变动前后,我们把数据分为低土地财政依赖度和高土地财政依赖度。在政策实施之前,两者的环境质量相差无几,但是在"坚决遏制房价上涨"政策推出以后,高土地财政依赖度的城市环境质量明显有下降的趋势。

回归结果显示(见表1),对于全部样本来说,它的回归系数为 0.039,如果我们把样本进一步划分为"蓝天保卫战"的重点城市和非重点城市,我们发现两者都有显著恶化环境的效果,但是对非重点城市的影响效果更为显著,回归系数也更大,为 0.077。

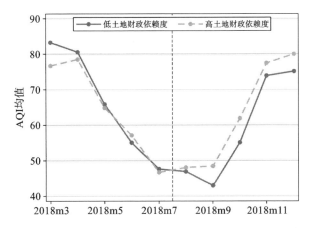

**图 1 2018 年不同类型城市 8 月前后空气质量指数变动情况**

数据来源：作者根据分析样本计算所得。

表 1 政策实施与城市空气质量

| 变量 | 因变量：log(AQI) | | |
| --- | --- | --- | --- |
| | （1） | （2） | （3） |
| | 全部样本 | blue=1 | blue=0 |
| log(landfis)·post | 0.039*** | 0.025*** | 0.077*** |
| | (0.007) | (0.008) | (0.010) |
| blue | −0.167*** | | |
| | (0.009) | | |
| 观测值 | 13750 | 4370 | 9380 |
| 调整 $R$ 平方 | 0.905 | 0.923 | 0.883 |
| 城市特定时间趋势 | 2 | 2 | 2 |

注：括号中报告的是在站点层而进行聚类调整的稳健标准误。所有回归中均控制站点固定效应和月份固定效应。*** $p<0.01$，** $p<0.05$，* $p<0.1$。

接下来我们进行了一系列稳健性检验，包括平行趋势检验和安慰剂检验。在稳健性检验中，我们尝试使用 2017 年土地财政依赖度，主回归里面用的是三年平均，也使用财政支出来计算土地财政依赖度，使用半弹性模型，使用 2017 年同期数据作为对比，使用两期面板数据，在城市层面调整 cluster （集群），其回归结果都是稳健的。

在进一步的分析中,我们主要考虑财政增长压力和城市空气质量之间的对比,通过手动收集每个城市年初的财政增长目标和经济增长目标再回归结果发现,财政增长目标和经济增长目标在年初定得越高,城市环境质量恶化的程度相应也越大(见表2)。

表2 政策实施、财政增长压力与城市空气质量

| 变量 | 因变量:log(AQI) | |
| --- | --- | --- |
| | (1) | (2) |
| log(landfis)·post | 0.068*** | 0.274*** |
| | (0.014) | (0.023) |
| log(landfis)·post·log(fiscal) | 0.014*** | |
| | (0.005) | |
| log(landfis)·post·log(GDP) | | 0.100*** |
| | | (0.010) |
| 观测值 | 13100 | 13650 |
| 调整$R$平方 | 0.906 | 0.906 |

注:括号中报告的是在站点层面进行聚类调整的稳健标准误。所有回归中均控制站点固定效应、月份固定效应、蓝天保卫战与城市二阶特定时间趋势。*** $p<0.01$,** $p<0.05$,* $p<0.1$。

之后,我们考虑空气质量恶化是哪些成分引起的,表3的回归结果显示,空气质量恶化主要是由于工业 $SO_2$ 的排放,即空气质量恶化主要是重工业的发展导致的。

表3 政策实施与城市空气质量(分污染物)

| 变量 | (1) log($SO_2$) | (2) log($NO_2$) | (3) log(CO) |
| --- | --- | --- | --- |
| log(landfis)·post | 0.028** | 0.006 | −0.000 |
| | (0.012) | (0.009) | (0.007) |
| 观测值 | 13748 | 13750 | 13748 |
| 调整$R$平方 | 0.841 | 0.913 | 0.852 |

注:括号中报告的是在站点层面进行聚类调整的稳健标准误。所有回归中均控制站点固定效应、月份固定效应、蓝天保卫战与城市二阶特定时间趋势。*** $p<0.01$,** $p<0.05$,* $p<0.1$。

再之后，我们考虑了白天和晚上空气质量恶化的变化，如表4所示，我们发现白天，即生产工作期间，空气质量恶化的情况更加明显。

表4 政策实施与工业相关污染（白天 vs 夜间）

| 变量 | (1)<br>log(AQI_day) | (2)<br>log(AQI_night) | (3)<br>AQI_day/AQI_night |
|---|---|---|---|
| log(landfis)·post | 0.061*** | 0.008 | 0.014*** |
|  | (0.010) | (0.007) | (0.002) |
| 观测值 | 13,548 | 13,547 | 13,547 |
| 调整$R$平方 | 0.863 | 0.890 | 0.674 |

注：括号中报告的是在站点层面进行聚类调整的稳健标准误。所有回归中均控制站点固定效应、月份固定效应、蓝天保卫战与城市二阶特定时间趋势。*** $p<0.01$，** $p<0.05$，* $p<0.1$。

因为时间关系，我非常简单地汇报下我们研究的一些思考，一个最重要的结论就是在多重政策目标下，非常有必要重塑中央-地方关系，这是实现高质量发展的内在要求和必要条件。以上就是我们一些初步的研究和思考，希望能为这方面的相关研究提供一点启示。

谢谢大家，我的报告到这里结束。

整理：贾静  校对：袁晶玭

## 八
## 乡村振兴与中国式现代化新道路的探索

张建华[①]

张培刚发展经济学研究基金会在成立30年之际面临一个重要的使命——转向成为智库型基金会。作为智库型基金会,很重要的一个任务就是从学术上继承老一辈经济学家做调研的传统。所以,今天我将基于我们团队开展的百村千户的调查,聚焦探讨乡村振兴与中国式现代化道路,探寻中国模式,总结中国经验。

在庆祝中国共产党成立一百周年大会上,习近平总书记特别提出:我们坚持和发展中国特色社会主义,推动物质文明、政治文明、精神文明、社会文明、生态文明协调发展,创造了中国式现代化新道路,创造了人类文明新形态。在未来一段时间,如何围绕中国式现代化道路总结提炼以及构建理论体系,需要我们不断地探索。其中一个重要环节,就是乡村振兴战略的实施。在第一个百年奋斗目标实现的背景下,我们思考中国如何在农业农村现代化道路上迈出坚实的一步,在脱贫攻坚的道路上取得决定性成就,为我们进一步探索中国现代化新道路奠定坚实基础。可以说,中国的现代化离不开中国农业农村的现代化。从精准扶贫到乡村振兴,我们不断探索。我们必须在努力缩小城乡差距、地域差距和居民收入差距等方面进行探讨。如何在这些领域,在巩固脱贫攻坚基础上实现共同富裕,通过乡村振兴助推中国式现代化,我们需要进行一些思考和探索。我们主要围绕这个主题,从2021年年底开始,在全国范围内做了一个大样本的调研。这个调研结合了2021年提出的全面推进乡村振兴要求,该要求的首要目标就是巩固脱贫攻坚成效,为实现

---

① 华中科技大学经济学院院长、教授。

第二个百年奋斗目标,到本世纪中叶基本实现全体人民共同富裕打下坚实的基础。但是,我们也会发现实现这样一个目标的重点、难点和痛点依然是农业和农村地区。如何稳住农业发展基本盘,发挥"三农""压舱石"作用,真正全面推进乡村振兴,需要我们进一步下功夫,寻找更好的路径。

乡村振兴的工作重点究竟在哪儿?我认为,有以下四个方面。第一,守住乡村振兴的两条底线:保证粮食等农产品的稳产保供,保证脱贫人口的稳定就业、持续增收。这是我们当下最紧要的工作。第二,乡村振兴必须通过产业兴旺,促进农产品加工业发展、第三产业发展、整个乡村产业的发展,以带动整个农村的发展,推动小农经济和现代农业有机衔接,促进新兴产业的兴起,以及和时代、数字经济相吻合的数字乡村的发展,以真正实现产业兴旺。第三,扎实推进乡村建设,建设美丽乡村。重点任务包括推进农业低碳化和绿色发展,从一些重要的方面改善农村基础性、普惠性的民生建设问题,在城乡公共服务均等化方面取得一定的突破。第四,扎实推进乡村治理,真正推动新时期农村改革,深化产权制度改革、要素市场改革,最终提升农民的幸福感、生活的满意度,真正实现共同富裕。当然这里面还包括落实以县城为载体的城镇化和新型工业化发展。这些都是乡村振兴的核心任务。

围绕这些核心问题,我们从春节开始在全国选取了五个省份——湖北、湖南、河南、江苏、四川,包括100多个村庄和1400多个家庭样本。选择这些地区主要是基于以下几点考虑。第一,这些地区具有代表性。从地理特征来看,本次调研涉及长江中下游平原、华北平原、四川盆地以及江南丘陵等地区。第二,所选择的地区经济发展程度不同,既有较高收入的地区,也有一些刚刚完成脱贫任务的地区。第三,从地区选择的覆盖面来看,以湖北为例,所选的湖北调查点基本覆盖湖北整个区域,而且把湖北三个不同的地带,包括西部绿色发展示范区、中部江汉平原振兴发展示范区以及鄂东转型发展示范区涵盖其中。

调研涉及的问题包括两个部分,一是农业农村发展本身的基本状况,二是农业高质量发展和下一步乡村振兴的重点问题。

在1400多个样本中,最终我们会看到调查的受访者以男性为主导,占比接近2/3(见图1)。在民族分布方面,这些地区汉族比较集中,也有一些少数民族(见图2)。

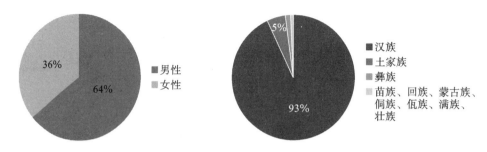

图1 调查的男女比　　图2 调查涉及的民族

如图3所示,调查人口分布主要集中在每户4—5人,年龄集中于40—60岁,文化水平以小学及以下和初中为主,平均受教育年限是7.49年,即不到初中毕业。调查人口年龄段和高等教育情况如图4所示。

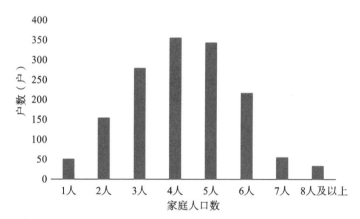

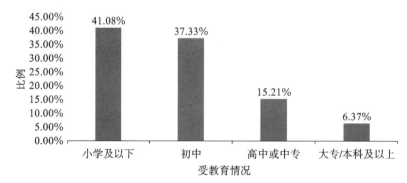

图3 调查人口每户家庭人员数和受教育情况

受访者所在区域人均耕地面积平均约3.71亩,是典型的小农经济,这些

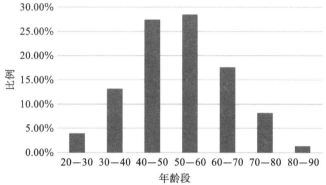

图 4　调查人口年龄段和高等教育情况

地方曾经是建档立卡贫困户的居民如今年人均可支配收入已经超过15000元。这个水平和相关机构统计的城市居民水平相当,也就是说,这个样本在某种意义上和脱贫攻坚设定的目标基本上是吻合的。从图5中,我们也会看到这些调查地区的农民基本收入构成中,打工收入占到65%,这反映了农民增收的主要途径还是外出打工,而其他收入,例如农业收入只占20%,农业总补贴、退耕还林补贴以及财产性收入占有很小的一部分比例,非农经营收入占比为11%。这个调查和国家统计局公布的有关数据比较吻合,从国家统计局公布的数据来看,农业经营性收入比重逐年下降,从改革开放之初占主体到现在的不到一半,而工资性收入、转移性收入、财产性收入比重逐年增大。从这些数据中,我们可以看到将来农业农村现代化的重要使命。

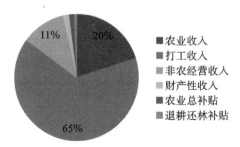

图 5　调查地区的农民基本收入构成

我们通过这个调研得到的基本结论包括两个方面。从总体来看,总体生产生活状况反映了农民增收和就业状况得到了改善,以湖北为例,不管是曾经的建档立卡贫困户还是其他农户,总体收入都有所提升。

从经营情况来看,随着规模经营的扩大,生产成本有下降趋势。我们也发现,在获得补贴方面,新型小农得到补贴的程度比较高。从农民生活来看,能源使用、消费、借贷和环境方面都有较大改善,但是隐含一些问题。

从高质量发展要求来看,主要有以下几点。

第一,乡村振兴首先要考虑提高人力资本水平。总体来讲,乡村的教育程度偏低、代际不平衡问题凸显,撤点并校以后教育质量堪忧,但在健康方面,农民对健康状况自我感觉良好。

第二,从农民创业情况来看,这涉及未来的产业发展,有一定程度的展开,但以小微第三产业、自我雇佣为主,涉及的领域包括销售、百货、加工等(见图6),纯粹从生产领域来看还是一个薄弱环节。

图6 农民创业情况

第三,在农业高质量发展方面,例如农田基本改善、农业机械化、新型科学技术的运用,总体来讲程度不高。地理标志的推广还不够深入,利用自然资源发展农业尚处于起步阶段。

第四,在乡村建设方面,交通基础设施、信息服务、环境都有所改善,而且资金投入量也比较大,但是仔细推敲后,我们样本反映了其质量堪忧。

第五,在数字乡村建设方面,互联网推广普及应用、电商在农业的广泛应用都有了可喜的成绩,但其质量有待提升,例如,在更好地服务于现代农业的发展,更好地服务于生产这些方面还是有很大的提升空间。我们的课题组用了以下关键词分析后发现,受访者用得最多的APP是"抖音、百度"(见图7),大家最关心的关键词包括"价格、种植、技术、如何销售、政策"等(见图8)。

图 7　受访者常用手机 APP　　　图 8　受访者主要关注的问题

最后,根据调研,我们思考了乡村振兴目前遇到的困难以及下一步可以怎么做。总体来看,乡村振兴战略刚刚开始推进,中国作为一个农业大国,在现代化迈向新征程的时刻,首要任务还是确保双线保底,即确保粮食安全和防止大规模返贫发生。未来乡村振兴的重点任务要落实到产业兴旺发展方面,包括如何实现小农经济向农业农村的现代化转变、实现生产和经营的体系现代化、推进三产融合、发展特色产业等。那这些发展靠什么?靠技术进步和人才支撑。下一步,我们必须在农业农村现代化方面分层推进。之前我们通过扶贫已经基本解决了乡村基础设施如村村通等问题,下一步是不是要全面推广、全面展开,是不是需要有一个重点推进的问题?为了研究在乡村建设方面如何真正把更广大的农民问题考虑进去,我们调查了很多地方。研究显示,目前县域经济在整个经济占比中达到 60%,也就是说,整个经济如果要和高质量发展阶段、现代化要求相吻合,缩小城乡差距,就必须关注这60% 经济的整体提升问题,而未来这 60% 的经济主要是在县城发展。县城是连接城市经济和乡村的桥梁,也是缓冲地,更是提升公共服务效率的重要载体。所以我们暑假的调研拓展到乡镇一级,未来还会进一步分析县城一级在其中发挥的功能,包括乡村的建设和治理、支农惠农政策和地方政府的作用如何发挥等。过去,中央政府发挥的作用很强,但是对于基层政府如何更好地发挥作用,我们还没有找到一个很好的机制。靠输血带动乡村振兴是不可持续的,探讨如何更好地发挥市场作用,让各级政府尤其是地方政府助推乡村振兴和现代化,是需要我们更进一步思考的。

我们期待之后有机会把调研成果跟大家分享,也期待更多老师和同学、同行加入我们这项事业,一起做好这项工作,助推中国式现代化的实现。

谢谢大家!

整理:张东博　校对:贾静

# 九
# 多极雁行格局与全球价值链重构

欧阳峣[①]

各位老师、各位同学,大家好!

今天我汇报的题目是《多极雁行格局与全球价值链重构》,我将围绕这个题目分享自己的一些想法。

当前的时代背景就是中央提出的百年未有之大变局。这个大变局很重要的特点是新兴大国的崛起改变着世界体系的结构,也推动着全球产业链和价值链重构。在这个大背景下,我有以下三个方面的思考。

第一,从二元世界体系到三元世界体系。这是发展经济学理论的演变,发展经济学最早运用的是 20 世纪 40 年代的结构主义理论,其由以普罗维什为代表的经济学家提出。当时结构主义理论介绍的是世界二元结构和二元世界体系,涉及中心国家和外围国家——中心国家是工业国家,外围国家是农业国家。中心国家主要制造工业品,除了满足自身国内消费,还向发展较为落后的国家销售,外围国家为中心国家提供原材料。当时发展经济学家提出要摆脱这种体系,因为这种体系导致贫困的恶性循环,使农业国家长期处于依附地位。到了 20 世纪 70 年代,沃勒施坦提出三元世界体系,即三元世界结构,该体系在中心国家和外围国家之外增加了一个半边缘国家,半边缘国家既包括中心国家逐渐衰退到第二层次的情况,也包括外围国家通过工业化上升进入上一层次的情况。也就是说,除了发达国家、发展较为落后国家,还有新兴国家,新兴国家就是像中国、印度这样经济正在崛起的国家。如图 1 所示,这个体系具有鲜明的特点,即增加了半边缘地区。增加半边缘地

---

[①] 上海大学经济学院特聘教授。

有以下几点意义:一是增加了现代世界体系的异质性,原来的二元变成现在的三元甚至更多元;二是增加了现代世界体系的稳定性,普罗维什等经济学家主张外围国家摆脱中心国家,现在外围国家有希望发展到半边缘国家并进一步向中心国家过渡,所以现代世界体系就更稳定协调;三是半边缘地区成为边缘和核心地区的过渡带,像我们国家原来就是发展较为落后的国家,现在成为半边缘国家,而且正在通过现代化向中心国家靠拢,就是处于这个过渡带。

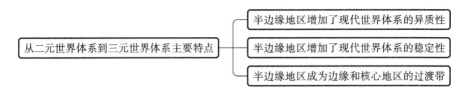

图1 从二元世界体系到三元世界体系特点和意义

第二,从雁行形态到多极雁行产业格局。雁行理论是日本经济学家赤松要提出来的,后来小岛清将其进一步发展。赤松要提出这个理论主要是分析后发国家的产业和技术的变化过程。第一个阶段是引进国外技术和产品,第二个阶段是自己加工和生产,第三个阶段是对外出口这种产品,表现为不断起伏的形态。后来小岛清教授又把这一理论解释为对外直接投资理论,实际上就是现在的产业转移,即某个产业在发达国家成为夕阳产业或者即将成为夕阳产业的时候,开始向第二梯队转移,之后再向第三梯队转移,呈现一个雁行形态。后面很多经济学家都用小岛清教授的解释来说明东亚国家的雁行经济形态,当时东亚一些发达国家如日本,属于第一梯队,也就是头雁,亚洲四小龙是新兴工业国家和地区,属于第二梯队,中国和东盟是第三梯队。一些制造业往往是由日本转移到亚洲四小龙,再转移到第三梯队。当时我们国家经济发展相对落后,制造业还向马来西亚学习,这个是产业投资的雁行结构。从雁行形态到多极雁行产业体系有以下特点(见图2):第一,头雁发挥带动作用,具有技术和产业竞争优势;第二,各梯次国家互为条件,不同梯队的产业有互补性,各个梯次的对接能够实现互补,这样才稳定;第三,各梯次国家贸易平衡,因为国际贸易不平衡就会有矛盾,结构也不可能稳定。

第三,新兴大国利用多极雁行格局重构全球价值链。现在,按照三元结构发展的话,有的半边缘国家的范围越来越大,特别是像中国这样的国家。

图2 从雁行形态到多极雁行产业格局的主要特点

中国还没有步入发达国家的行列,但是实际上我们已经接近这个水平,而且我们还有在某些领域进行引领的态势。随着这些年新兴大国的崛起,世界上形成了明显的多极雁行结构,头雁不仅是美国、西欧、日本,还有中国,以及一些其他国家,这些国家可以在不同的产业成为头雁。比如美国的金融、芯片产业,欧盟的医药、化工产业,日本的汽车、家电产业,中国的高铁产业(现在在世界上是引领发展的)、这些年发展势头良好的电商产业等。多极雁行格局的主要特点有以下几个方面(见图3)。一是新兴市场国家已经或正在成为全球制造业的头雁,现在制造业中心向中国转移,全球形成多个制造业中心,这一点是大家公认的。我们的电子产业、家电产业、汽车产业,虽然价值链还在中低端,但是从整个产业来看已经成为制造业的头雁。二是这个多极雁行格局是新兴国家利用综合优势的结果。我们考虑了一个分析大国综合优势的框架,就是中国作为后发大国可以把比较优势、后发优势、规模优势结合起来,实现耦合。以前的阶段是以比较优势、后发优势为主,现在后发优势慢慢缩小,比较优势、规模优势越来越明显,所以以后应该以规模优势和高素质的资本及劳动力要素为主。三是多极雁行格局将伴随着不同产业头雁之间的摩擦。新兴大国和中心大国的力量此消彼长,所以这几年贸易摩擦越来越多,特别是中美贸易摩擦,因为在产业头雁地位交替过程中必然引发一些矛盾。四是新兴大国将通过突破核心技术进入价值链的高端,像中国现在的数字产业、高铁产业都不错,规模很大。现在,我国的高铁产业基本上在世界处于引领地位,数字产业发展很快,但是5G技术这两年受到阻碍,所以要引领世界数字产业确实也有困难,最差的就是汽车产业,奋斗了几十年一直还是第三层次,离韩国汽车还差一个层次,这就是多极雁行结构的特点。

下面我来重点分析具体的产业。我们国家现在总体产业规模大的产业,排在第一位的是汽车产业,大约是美国、日本的两倍,比美国、日本的总和还要多(见表1)。这个规模非常大,但是汽车产业大而不强的特点也相当明

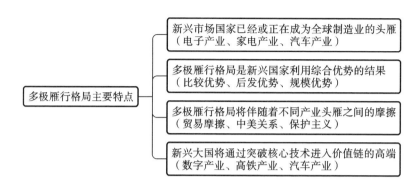

图 3　多极雁行格局主要特点

显,因为汽车产业核心技术就是发动机、变速器,而我们国家的这两项技术一直没有取得突破。国有企业以合资为主,大型私营企业以合资为主,开始引进时以中低端汽车技术为主。我国有两个自主创新企业,一个是奇瑞,另一个是吉利,它们做了发动机,但都是低水平的发动机,一般售价在 30 万元以上的汽车就用外国发动机了。我国汽车产业技术创新有很大的提升空间。再就是数字经济,我们国家数字经济的规模排在世界第二(见表 2),要从统计口径来说数字经济到底是什么指标体系,有时候很难,总体上看,我国数字经济确实规模很大,而且发展程度也还不错,特别是华为技术,如果 5G 技术能够推广到欧洲的话,在世界上可以发挥引领作用,但是这几年受到一些影响,要真正引领世界还有很大的难度。

表 1　2020 年全球主要国家汽车产业规模

| 排　　名 | 国　　家 | 产量规模(单位:万辆) |
| --- | --- | --- |
| 1 | 中国 | 2522.52 |
| 2 | 美国 | 882.84 |
| 3 | 日本 | 806.76 |
| 4 | 德国 | 374.26 |
| 5 | 韩国 | 350.38 |
| 6 | 印度 | 339.34 |
| 7 | 墨西哥 | 317.66 |
| 8 | 西班牙 | 226.82 |
| 9 | 巴西 | 201.41 |

续表

| 排名 | 国家 | 产量规模（单位：万辆） |
|---|---|---|
| 10 | 俄罗斯 | 143.53 |

表2　2020年全球主要国家数字经济规模

| 排名 | 国家 | 产值规模（单位：亿美元） |
|---|---|---|
| 1 | 美国 | 13.60 |
| 2 | 中国 | 5.36 |
| 3 | 德国 | 2.54 |
| 4 | 日本 | 2.48 |
| 5 | 英国 | 1.79 |
| 6 | 法国 | 1.19 |
| 7 | 韩国 | 0.85 |
| 8 | 印度 | 0.54 |
| 9 | 加拿大 | 0.44 |
| 10 | 意大利 | 0.38 |

数据来源：前瞻数据库。

最后，要利用多极雁行格局重构全球价值链，首先要把握新技术革命的机遇，培养全球价值链的链主。价值链和产业链是不一样的，虽然我们产业规模大、产业链完整，在产业方面占主导地位，但是在价值链方面缺乏优势，因为在设计研发方面我们还没有占主导地位。在这种情况下，新技术革命肯定是个机会，比如在人工智能、数字经济领域，因为发达国家也是刚刚起步，我们离它的起跑线近一些，差距要小一些，我们可以利用新技术革命尽快发展人工智能和数字经济，使它不仅在规模上更大，而且以研发和设计为主，进入全球价值链的高端，这样才真正成为价值链的头雁，而不仅仅是产业链的头雁。二是选择国家重点支柱产业，突破关键核心技术。我们的重点支柱产业最明显的是汽车产业，汽车产业不仅国内需求很大，而且附加值高、产业带动力强。现在我国市场上30万元以下的汽车基本上是国产的，30万元以上的汽车基本上是合资或合作，关键就是利用国外发动机，但发动机占非常大的一部分成本，所以我们的价值增加很少。对于汽车产业怎样发展、技术怎么突破,我们国家也做了好多重大项目、重大攻关,但始终没有突破核心技术。像这样关系国计民生的、对经济增长有重大推动作用的产业,政府应组织人才来攻克核心技术,而且是共有的核心技术。对这种核心技术的攻克,能直接促进汽车产业发展,中国工业增加值也会提高很多。对于汽车产业,我们观察了很久,觉得很多因素导致它不能在自主创新上有重大突破。首先是企业的因素。因为中国的汽车市场太大了,企业模仿一点新技术就可以赚钱,虽然不会有大发展,但是可以获得维持生存的能力。我们一直在研究这个市场规模,按照一般经济学原理,规模效应可以摊薄研发成本,肯定促进创新,但是在新兴大国,包括中国、印度汽车产业市场规模都特别大,为什么总是突不破关键技术?市场规模对创新作用可以分为两个阶段,第一阶段是创新决策,第二阶段是研发投入,在创新决策阶段,由于市场规模很大,企业往往很难做出自主创新的决策,而是做出技术模仿的决策。在研发投入阶段,因为规模大会增加研发投入,所以市场规模对技术创新的促进作用就很明显。其次是政府保护得太厉害,中国的市场规模大,但市场分割也特别严重。中国绝大部分省份的汽车产业都是支柱产业,例如长沙就有上百家汽车企业,汽车跟彩电不同,彩电在20世纪90年代通过市场竞争价格战淘汰了很多小企业,最后只剩下几家大企业,我们国家彩电企业的技术水平现在也接近世界先进水平了,但是汽车产业受政府保护,地方政府给予其补贴、优惠政策,企业和政府的双重机制弱化了企业的创新能力和竞争力。

那么,我们要怎样依托国内国际双循环增强国际竞争能力呢?从需求规模讲,我国已经是以国内市场为主了,但关键是核心技术能够自主控制,也就是说,虽然以内需为主,但是不能只以内需为主,而要依托内需、利用内需来推动自主创新。只有以内需为主推动自主创新,突破核心技术,制造业才能升级。只有制造业升级了,我们的收入才能持续增加,才能跨越中等收入陷阱。所以,我觉得关键一点就是自主创新,不但要自主创新,而且要突破核心技术,这样经济才能真正实现高质量发展。

谢谢大家!

整理:刘一萱　校对:张东博

第五部分
"中国式现代化新道路与经济高质量可持续发展"论坛学术报告

十

## 基于当代中国区域不平等及发散俱乐部的研究

姚树洁[①]

各位领导、各位专家、各位嘉宾,大家好!我今天报告的题目是我2001年发表的一篇文章,也是这篇文章获得了本届张培刚发展经济学优秀成果奖。文章题目为 On Regional Inequality and Diverging Clubs: A Case Study of Contemporary China(《基于当代中国区域不平等及发散俱乐部的研究》)。本文分为几个部分,包括前言、发散俱乐部的理论模型、实证模型和结果分析、发散俱乐部的多种验证,最后得出结论和政策建议。

中国改革开放40多年取得了举世瞩目的成就,特别是从1978年刚刚改革开放到20世纪末,从农村联产承包责任制的成功到后来以沿海经济特区而开放中国城市为特点的对外开放,中国经济发生了翻天覆地的变化。我们刚开始开放的时候就成为全球经济发展最快、吸引外资最多、出口增长最显著的发展中国家,但是与此同时区域非均衡增长导致区域之间的不平等和收入分配的不平等,成为我国20世纪末经济发展,特别是高质量可持续发展的一大困境。为了突破这个困境,我们这篇文章研究发散俱乐部的形成机理、理论,提供进一步发展的政策建议。

本文把全国31个省(自治区、直辖市)分为东部、中部和西部三部分。东部地区集中了全国最重要的经济增长中心,但是内陆地区包括东北地区没有明显的经济增长中心。刚开始是东部的经济增长中心以点带面,促进周围地区的发展,实现均衡发展,所以东部地区的城市和农村的发展是不断提高和均衡的。但是东部地区的经济增长中心和内陆地区的距离不断拉大,这个距

---

① 辽宁大学李安民经济研究院院长、重庆大学特聘教授。

离产生了一种阻力,阻碍了东部经济增长中心向内陆地区溢出和迁移,因而形成了东、中、西"三级瀑布"经济发展水平逐级下降的发散俱乐部现象,这阻碍了中国均衡的高质量的发展,也抑制了中国挖掘全国性、全域性生产要素的巨大潜力。

我们把经济增长中心形容为经济发展引擎,认为这种发展引擎具有经济集聚的作用。这种经济集聚主要是吸引人力、资本和技术在少数经济发展中心发挥巨大的推动作用。这些经济发展中心达到一定规模以后,会对外部地区产生溢出效应。这种溢出效应的经济学原理来自边际报酬递减规律,发达地区往往资本比较多,人力资本比较紧缺,资本的价格相对来讲比较低,劳动力价格不断提高。为了实现资本利益最大化,东部发达地区必须向其他地区投入,产生溢出效应,这种资本通过对外投资拉动落后地区的经济增长发挥了一种正向作用。但随着物理距离加大,产生巨大的摩擦力,这种溢出效应随着距离的增加而不断减弱,但是因为当时中国的西部地区缺乏经济增长中心,交通基础设施落后,信息流动落后,自然资源和要素流动落后,所以内陆地区的经济增长长期落后于东部地区,每年几乎少了接近 2 个百分点的增长速度。经过半个世纪的发展,这个积累越来越大,形成了中国的区域不平等现象。区域不平等,城乡不平等,使得中国的基尼系数,也就是社会收入分配差距不断拉大,这是中国 20 世纪末面对的最头疼的问题。

本文提出解决这个问题的理论模型:

$$y = AK^{\alpha}e^{\varepsilon}, \quad A = \begin{cases} e^{\beta_0 - \beta_1 D_{\min} - \beta_2 (D - D_{\min})^2} & if\ D > D_{\min} \\ e^{\beta_0 - \beta_1 D} & if\ 0 < D \leqslant D_{\min} \\ e^{\beta_0} & if\ D = 0 \end{cases}$$

在这里,我们用 $D$ 代表经济增长中心和周围地区之间的距离,当 $D$ 小于一定的距离时,经济增长中心对周边地区的溢出效应就是线性的;当 $D$ 大于最低阈值时,经济增长中心对周边地区的溢出效应就变成非线性的。我们用科布-道格拉斯生产函数简单地表示这种原理,左边的解释变量叫作 $y$,我们可以理解为人均产出,右边的常数 $A$ 表示生产倍数,还有一个函数,主要用 $A$ 和 $e$ 表示,随着距离的变化,摩擦力可以用不同的形式表示,第一种形式为 0,第二种是中间这个部分,第三个是最前面这个部分,我们可以用图 1 来解释。

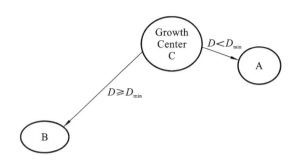

**图 1　区域发散原理图示**

图 1 里面的 C 是经济增长中心，A 和 C 的距离比较近，而且这个距离小于 $D_{\min}$（距离的最低阈值），B 和 C 的距离大于这个阈值，所以我们有三种不同的情况。

这三种不同的情况对应不同的边际产出，距离的边际产出是负的，C 的距离产出摩擦力是 0，A 的摩擦力是 $-\beta_1$ 乘以 $y_A$，B 的距离边际产出就是一种非线性的表达式：

$$\text{MPD}_C = \frac{\partial y}{\partial D} = 0, \quad \text{MPD}_A = \frac{\partial y}{\partial D} = -\beta_1 y_A,$$

$$\text{MPD}_B = \frac{\partial y}{\partial D} = -(\beta_1 + 2\beta_2(D - D_{\min}))y_B,$$

还有一种边际劳动生产率的差距，C 比 A 大，C 也比 B 大，第一种用 $\beta_1 y_A$ 表示，第二种是复杂的非线性表达式：

$$\Delta\text{MPD}_{CA} = \text{MPD}_C - \text{MPD}_A = \beta_1 y_A$$

$$\Delta\text{MPD}_{CB} = \text{MPD}_C - \text{MPD}_B = (\beta_1 + 2\beta_2(D - D_{\min}))y_B$$

根据作用力和反作用力的大小抵消，作用力是资本外溢的作用力，距离对衰减溢出作用的反作用力，这两股力量互相抵消，形成下面三种不同的可能性。

一种可能是 A 和 B 永远都达不到 C 的水平，或者它们之间没有趋同发展，形成发散；另一种是 A 可能追上 C，但是 B 追不上 C；还有一种是 A 和 B 同时追上 C，从而形成全国性的均衡发展：

Case 1：$(\text{MPK}_A - \text{MPK}_C) < \beta_1 y_A, (\text{MPK}_B - \text{MPK}_C) < (\beta_1 + 2\beta_2(D - D_{\min}))y_B$

Case 2：$(MPK_A - MPK_C) < \beta_1 y_A$，$(MPK_B - MPK_C) < (\beta_1 + 2\beta_2(D - D_{min})) y_B$

Case 3：$(MPK_A - MPK_C) < \beta_1 y_A$，$(MPK_B - MPK_C) < (\beta_1 + 2\beta_2(D - D_{min})) y_B$

很不幸的是，在20世纪末的几十年时间里，我国的A和B都没有追上C，所以形成了东部、中部和西部三阶段生产力瀑布式下降现象。

从实证模型来讲，可以用拓展的罗索模型刻画，左边是人均产出，右边有两个主要变量，一个是投资率，就是投资占GDP的比重，另外一个是人口增长率加上技术进步和资本折旧率表达式，这里面的α是一个常数，但是这个常数可以受到距离的影响而变动，这个距离的影响可以用两个哑元变量刻画，一个是东部到中部，另一个是中部到西部，如果这两个变量证明出来是显著的，而且是负的，那就说明我们东中西三个地区形成了增长俱乐部。我们把(1)式和(2)式叠加在一起就变成了(3)式，左边的背景是变量，就是y减掉$Y_0$，也就是经济人均产出增长率，右边的变量为初期的年均产出、投资力、人口和技术进步，我们还加入了其他控制变量，如出口和外资外贸，两个哑元变量由$\theta_1$和$\theta_2$来刻画，证明东部到中部、中部到西部的距离是不是产生了明显的摩擦作用。

$$\ln y_{ti} = \alpha + \beta_1 \ln(s)_i - \beta_2 \ln(n + g + \delta)_i + \varepsilon_i \quad (1)$$

$$\alpha = \alpha_0 - \theta_1 (\text{East to Central}) - \theta_2 (\text{Central to West}) \quad (2)$$

$$\ln y_{ti} - \ln y_{0i} = \alpha_0 + \rho \ln y_{0i} + \beta_1 \ln(s)_i - \beta_2 \ln(n + g + \delta)_i + \beta_3 \ln(\text{Export/GDP})_i$$
$$- \theta_1 (\text{East to Central}) - \theta_2 (\text{Central to West}) + \varepsilon_i \quad (3)$$

通过对1978—1998年的跨省面板数据回归实证分析，在模型1什么都不加的情况下，它是发散的，说明我们如果不加入其他条件，东、中、西部形成一种发散现象，我们将其称为发散俱乐部，就是从第一个模型中得出的初步结论。如表1所示，我们通过条件收敛引进投资率、人口增长和技术进步以及资本的折旧，再加上两个地区距离的哑元变量，逐渐增加，发现拟合度($R^2$)随着我们的变量增加而不断提高，说明我们每一个变量加进去都有显著作用，产生的结果也是显著的，而且这两个距离的哑元变量参数都是负的，而且极显著，所以我们的基本结果就证明了三个发散俱乐部的形成，而不是全国性的趋同发展。

表 1　条件收敛与距离效应

| Variables | Model 1 | Model 2 | Model 3 | Model 4 |
|---|---|---|---|---|
| Intercept | 2.25 (2.93) | 3.45 (1.09) | 7.94 (3.49) | 8.87 (4.13) |
| $Ln(y_0)$ | −0.12 (−1.09) | −0.13 (−0.94) | −0.49 (−4.46) | −0.57 (−5.27) |
| $Ln(s)$ | — | −0.08 (−0.25) | 0.40 (1.57) | 0.42 (1.75) |
| $Ln(n+g+\delta)$ | — | −0.70 (−0.53) | −1.35 (−1.51) | −1.36 (−1.64) |
| Distance(East to Central) | — | — | −0.35 (−3.43) | −0.17 (−1.66) |
| Distance(Central to West) | — | — | −0.30 (−2.53) | −0.26 (−2.32) |
| ln(Export/GDP) | — | — | — | 0.20 (2.23) |
| Adjusted $R^2$ | 0.04 | 0.07 | 0.61 | 0.82 |

如果这个结果还需要进一步稳健性的测试,我们有一种单位根的检验,比如人均产出,在西部地区比东部地区人均产出,中部地区比中部地区的两个时间序列里,如果它们没有单位根,那么就是区域之间趋同发展;反之,如果它们出现了单位根,就说明发散俱乐部的假设成立。如表 2 所示,我们证明出来的这种情况,不管是有时间趋势还是没有时间趋势的假设都是成立的,都是有单位根的,东部、中部的时间序列对比是不稳定的,即俱乐部的人均产出是发散的。

表 2 单位根检验

Augmented Dickey-Fuller Tests, $p_{max}=8$

| Coefficients | East | Central | West |
|---|---|---|---|
| Without time trend | | | |
| P(No. of lags) | 1 | 5 | 4 |
| Intercept | 0.008(0.759) | −0.014(−1.670) | −0.006(−0.250) |
| $\rho$ | −0.013(−0.394) | −0.048(−1.250) | 0.005(0.070) |
| With time trend | | | |
| P(No. of lags) | 5 | 5 | 6 |
| Intercept | 0.032(3.00)** | 0.010(0.82) | −0.100(−3.65)** |
| $\beta_0$ | 0.002(3.60)** | −0.003(−2.43)** | −0.005(4.41)** |
| $\rho$ | −0.336(−3.71)** | −0.332(−2.72) | −0.666(−4.25)** |

第二个多元检验中,我们用区域人均产出的基尼系数进行分解。基尼系数可以分为三个部分,一个部分是区间,一个部分是区内,一个部分是重叠。$G$ 就是人均产出的基尼系数,$G_A$ 就是区内的基尼系数组成部分,$G_B$ 就是跨区间人均 GDP 的基尼系数,$G_O$ 就是没有被前面两个基尼系数所解释的遗留的部分。我们通过一种动态的对比发现,$G_B$ 部分在不断扩大,$G_O$ 在缩小,$G_A$ 也在缩小(见图 2),发散俱乐部在基尼系数检验中得到进一步确认。

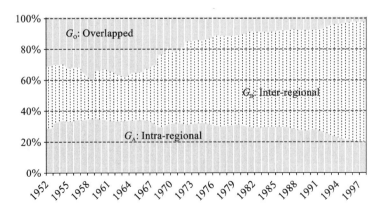

图 2 基尼系数跨期动态分解图

文章的主要贡献有三个方面。第一个是发散俱乐部产生的理论和实证检验。经济增长中心集中在东部地区，受距离影响而无法迁移，内陆包括东北地区的经济增长发展缓慢。第二个是交通基础设施条件比较落后，开放不够充分均衡，导致中部地区无法缩小与东部地区的发展差距，造成东部地区的污染加剧和房价提高，产生了房价扭曲和各种生产要素扭曲的现象。要解决这一问题，一是要建立内陆自己的经济增长中心，二是要加强交通基础设施建设，三是要推动内陆开放高地建设。比如现在成渝地区双城经济圈内陆开放高地的经济取得了明显进步，而且促进了内陆地区经济持续高质量发展。第三个是提出了继续改革的发展方向，文章的理论和实证为我国20世纪末推进的三大战略（西部大开发、中部崛起、东北振兴）提供了理论支撑和政策建议。

由于时间关系，我今天就讲到这里，谢谢大家！

整理：雷桦　核对：刘一宣

# 十一
## 中国经济增长:事实、逻辑与未来

程名望[①]

因为时间就15分钟,今天我不想讲得太学术,不讲理论模型和数据,也不讲过程和方法。主要谈谈这些年学术研究的一些结论和对中国经济的思考。

经济学者要相信三个东西:事实、数据和逻辑。一是事实。经济学者都非常重视自然实验,因为经济学主要研究人的行为,很难像自然科学一样在实验室做实验,但是人类社会的历史给我们做了很多自然实验,并以事实的方式呈现在我们面前。分析这些历史事实和自然实验,我们能知道什么是对的、什么是错的。二是数据。数据是冰冷的,也是客观的,能克服我们主观的意识和偏见。当我们把事实、数据连起来时,往往就能看到宏大的逻辑——这个逻辑应该是严谨的,更加清晰地告诉我们什么是对的、什么是错的。因此,我基于中国的事实、数据和逻辑,讲一讲改革开放以来中国到底做对了什么。我们学经济学管理,应该学经济、信经济、用经济,学管理、信管理、用管理,我也是从这个视角来分析中国经济的。

改革开放以来,中国实现了举世瞩目的"增长奇迹",一跃成为世界第二大经济体。这段历史在座的各位都经历了;这个事实鲜活地摆在我们面前,不用去做太多讲解。我们都是幸运儿,赶上了迄今为止中国历史上最繁荣昌盛的时代。让我们一起感谢党,感谢政府,感恩改革开放,感恩这个伟大的时代。

---

① 同济大学经济与管理学院副院长、教授。

经济学有三大铁律,分别为均衡、边际和周期。这三个规律无时不在、无处不在,深刻地解释着这个世界。我非常喜欢用周期来分析中国经济,因为周期很多时候本身就是规律。仔细看中国这几十年,30年一个周期、30年一个轮回,非常有特点。1949年新中国成立到1978年改革开放基本上是30年,我习惯称这一时期为"中国发展1.0";1979年到2009年又是30年,这一时期是"中国发展2.0";从2010到2040年又是30年,是"中国发展3.0"。每个30年真的是不一样,可能环境变了,也可能规则变了。企业家经常说一句话,在这个世界上能够笑到最后的,既不是最聪明的,也不是最强大的,而是对环境变化适应最快的。是的,我们已经进入"中国发展3.0",我们要顺应和适应这个变化。当然,"中国发展3.0"到底展现给我们怎样的未来和世界,我们只能耐心等待和充满期盼。经济学能做的更多是解释过去,"中国发展1.0"已经过去,"中国发展2.0"也已经过去,对比一下,毫无疑问,"中国发展1.0"有它的伟大意义,"中国发展2.0"实现了中国伟大的增长奇迹。

我们观察图1和图2,能够更加深刻地认识到改革开放的伟大。图1是相对增长率,是中国GDP占世界总GDP的比例。图2是绝对增长率,这个大家都熟悉,叫作描述性统计,就是给事实画个像。我非常喜欢画像,因为基于统计性描述的画像往往能够反映一些突变,给我们启发。例如,某个地方出现了突变、斜率骤然提升这样的现象,这里可能就有"故事"。图2似乎有些地方突然加速,斜率一下子陡峭了,一个是1992年左右,还有一个是2001年左右——1992年正好是市场经济,2000年是全球化(加入WTO),表明这两个事件对中国经济增长、实现增长奇迹可能是正向影响。到底是不是呢?我们需要进一步做学术研究,包括理论模型、实证分析。这些年我主要就是在求证这个问题,试图从资源优化配置的视角解释中国为什么实现了增长奇迹。研究后,我认为中国做对了三件事,即科学化、市场化和全球化。我们享有的科学化红利、市场化红利和全球化红利,是中国经济能够坚如磐石和实现持续繁荣的三根支柱。如果这三根支柱动摇了,我们的未来可能就是悲凉的。至于到底中国的未来是乐观的还是悲凉的,我认为就盯着这三根支柱。

第一个,科学化。科学化其实并不高深,中国人既聪明又勤奋,只要大方向对了,不违背常识,我们就会赢。以管理为例,在这一领域有很多理论、很多模型、很多流派,我一直觉得科学管理其实就五个支柱:浪潮、趋势、战略、

### 中国式现代化下的经济高质量发展
——第九届张培刚发展经济学优秀成果奖、第四 & 五届张培刚发展经济学青年学者奖颁奖典礼暨论坛文集

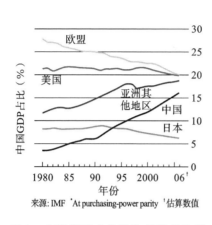

图 1　中国 GDP 占世界总 GDP 的比例

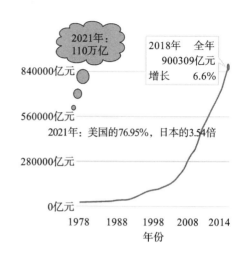

图 2　中国 GDP 绝对增长率

战术和执行力。其实归结起来就是三个问题,一是"现在在哪里",二是"要往哪里去",三是"怎样到那里去"。每个管理学的同学都要想清楚这三个问题,否则就不是学管理、信管理、用管理。对国家来说也是这样的,邓小平先生很深刻地思考了这三个问题。对于第一个问题"现在在哪里",1980 年我国人均国民生产总值是 250 美元,是贫穷落后的国家,被世界远远地抛在身后。对于第二个问题"要到哪里去",这涉及当年初中政治课中的"三步走"发展战略,即"翻一番、翻一番、再翻一番,到 21 世纪中叶,人均国民生产总值达到中等发达国家水平,人民生活比较富裕,基本实现现代化"。顺浪潮、顺趋势、有战略三位一体,我们的目标是人均国民生产总值达到中等发达国家水平。那么问题来了,什么叫中等发达国家?中等发达国家有很多标准,但第一标准是财富,如果穷得一塌糊涂肯定不是发达国家。这样,冰冷的标准就出来了,人均 GDP 1 万美元就是著名的"拉美陷阱",对应的是初级发达国家,1.5 万美元对应中等发达国家,2.5 万美元对应超级发达国家。我们的目标就是 1.5 万美元。现在在哪里?答案是 250 美元;要往哪里去?答案是 1.5 万美元;要用多长时间?70 年。之后就是第三个问题"怎样到那里去",答案就是十年翻一番。1980 年 250 美元,到了 1990 年,十年翻一番是 500 美元,再翻一番到 1000 美元,再翻一番到 2000 美元,再翻一番到 4000 美元,到了 2040 年就是 1.6 万美元。所以,只要坚持十年翻一番,我们的目标就一定能实现、一

定会实现。到目前为止,我们的人均国民生产总值已经远远超过上面这个规划,现在是1.1万美元多一点,其实基本上已经走到了2035年,确实创造了惊人的增长奇迹。这就是科学化,用科学来管理我们的国家。这也说明了经济学为什么笃信数学,因为数学虽然是冰冷的,但它是严谨的。

第二个,市场化。真正的经济学家一定是笃信市场的,因为市场化这只"看不见的手"实现的资源优化配置,是经济学最核心的东西。经济学要解释的核心问题是解决矛盾。资源是有限的,人的欲望是无限的,用有限的资源来满足人们无限的欲望,这就是经济学。怎样满足?答案就是资源配置。怎样进行资源配置?答案是优化资源配置。那怎样优化资源配置既高效又公平?毫无疑问,现在人类能找到的最好的方式就是"看不见的手",即市场经济。这段时间,大家都比较担心人口老龄化问题。其实对于中国人口红利的消失不用过度担心,我们正好可以趁这个机会实现高质量发展和转型,因为我们不可能总是依靠劳动力的投入、劳动密集型的粗放型增长,正好利用劳动力的减少实现经济转型、高质量发展。这是一个挑战,也是一个机遇。要抓住这个机遇实现转型,关键就是进一步实现资源优化配置,充分发挥市场的力量。图3是对中国"增长奇迹"的一个分解,是对市场化重要性的一个佐证。

|  | GDP Growth | Contributions from | | | |
|---|---|---|---|---|---|
|  |  | K/Y | h | L | TFP |
| 1978—2009 | 9.48 | −0.45 | 1.27 | 1.64 | 7.02 |
| 1978—1988 | 9.43 | −1.55 | 1.20 | 2.84 | 6.94 |
| 1988—1998 | 7.75 | −0.02 | 1.77 | 1.27 | 4.73 |
| 1998—2009 | 11.09 | 0.15 | 0.87 | 0.90 | 9.17 |

**图3　市场化:资源优化配置和体制改革**

分析可见,1978—2009年这30年,中国经济年均增速为9.48%,这黄金30年贡献最大的就是TFP。TFP是什么?就是全要素生产率,是柯布-道格拉斯生产函数中的"A"。这个A一下子高了很多,那就是资源优化配置,同样的投入产生了更多的商品和财富。谁实现了这个资源优化配置?——"看不见的手"。市场比较好地实现了资源优化配置,让人尽其才、物尽其用,提高了效率,这其实就是集约式经济增长。原来靠资源投入,那叫"汗水",倾全国之力、倾全民之力,其实就是粗放式经济增长。中国刚刚改革开放时,确实靠的是粗放式资源投入、靠的是"汗水",后来"看不见的手"开始接棒发挥力量,实现了资源优化配置,靠效率提升实现了更快的经济增长。因为我是研究城乡关系的,我经常用这样一个观点:不宜逆城镇化。因为城镇化本身就是资源优化配置,2亿多农村劳动力转移到了现代工业、现代服务业,从农村到城市。资源所创造的财富不仅取决于自身的能量,也取决于它所在的产业平台。大量的劳动力到了工业和服务业这些更高的平台,产生了惊人的财富。我们测算过,一个劳动力,在人力资本没有任何提升的情况下,从农业到工业,其生产效率提升了12.7倍。城镇化有"7、8、9"三个标准,70%的城镇化实现了,就要考虑80%或者90%。如果按照标准,如图4所示,中国已经处于城镇化加速发展阶段。所以我经常讲,城镇化不单单是目的,同时是手段,中国要实现更好的资源优化配置来改进效率、激发经济增长,就不要轻易逆城镇化,要处理好乡村振兴和城镇化的关系,真正实现城乡一体化,它们应该是共赢的,而不是对立的。

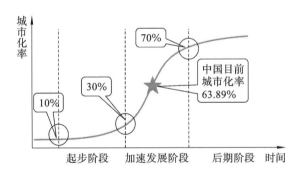

**图 4　中国城镇化的不同阶段**

第三个,全球化。图5非常宏大,是人类0—2000年整个经济增长率。这个世界经济增长率告诉我们,世界经济发展也有大周期。这里有两个里程碑,工业革命以前是人类发展1.0,这个一般称为"淡水经济",即得淡水者得天下。1820年之后,人类开始进入2.0时代,这就是工业文明时代,也被称为"咸水经济",即得海洋者得天下。1972年之后,人类进入3.0时代,那就是今天非常清晰的"数字经济",即得互联网者得天下。人类漫长的周期,目前为止就是这三大浪潮,这是三个非常漫长的周期,描述了人类的发展轨迹,这个轨迹就是最根本的规律。哪个国家顺应这个规律,这个国家就赢了;哪个国家违背这个规律,这个国家就输了。所以国家的发展,一定要跟人类发展规律紧紧地联系在一起,任何国家和区域只要脱离了这个最根本的规律,那一定是贫穷的、落后的,最后的结果就是挨打。中国人常讲"顺浪潮,所以昌",说的就是这个道理。其实,人类发展的这条曲线,它的表现形式就是全球化,也就是习主席讲的人类命运共同体。

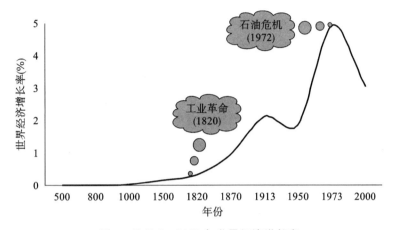

图 5　公元 0—2000 年世界经济增长率

如果非要让我探讨中国的未来,我经常讲,我对中国的未来抱很大的希望。生活在这片土地上的我们爱国、爱党、爱故土。如果一定要细分,我认为"中国发展 2.0"是黄金 30 年,年均增速 9.48％;2000—2040 年是白银 30 年,年均增速 6％,这非常清晰了,每十年下滑一个点,现在处在第二个十年,就是保 6;2041—2070 年,将是黄铜 20 年,年均增速 3％,还是每十年下滑一个点。到了 2％,中国高速增长完毕,从发展中国家成为一个真正的发达国家。我为什么这么有信心?因为前面讲的这三个红利并没有消失殆尽,中国经济还有发展潜力。大国经济能较好地解释历史上的"大国难亡"。中国是典型的大国经济,韧性强、潜力大,足以让我们坚信中国的未来一定会更加美好。我们相信在习主席的领导下,我们必将迎来一个更加美好的中国。

在我准备这个演讲稿时,想到了张培刚老先生那一代人所经历的苦难,我们不希望这种苦难在我们后代身上再次出现。老一辈人用他们的经历和精神,给我们留下了极其丰厚的学术财富和精神财富,趁此机会,让我们向张培刚等老一代经济学家致敬。

谢谢大家!

整理:赵雪梅　　校正:雷桦

# 十二
# 教育扶贫与人力资本积累

宋 弘[①]

各位老师、同学,大家好!我分享的主题是"教育扶贫与人力资本积累"。我国的脱贫攻坚取得了全面胜利,脱贫攻坚见证了新时代的中国奇迹。作为脱贫攻坚的一项治本之策,教育扶贫既是扶贫的重要目标,也是扶贫的有力支撑,是顺利实现脱贫攻坚的重要保障。教育扶贫让贫困地区的孩子们接受良好的教育,是阻断贫困代际传递的重要途径。

自改革开放以来,我国政府出台了一系列教育扶贫政策,形成了相对完善科学的教育扶贫政策体系,并取得了显著成效。比如一系列教育普及与补助计划,包括义务教育政策、"两免一补"政策、学前教育资助政策、农村中小学现代远程教育工程、农村义务教育薄弱学校改造计划等,也有不少人力资本投入脱贫攻坚计划,比如农村义务教育学生营养改善计划、"特岗计划"、乡村教师支持计划等。近几年来,我们研究团队针对教育扶贫政策进行了一系列评估工作,相关成果在国内外权威期刊上发表。

今天我要分享的是我们近期的一篇工作论文,这一论文关注经济发展新阶段的教育精准扶贫工作。论文的合作者有复旦大学经济学院的硕士毕业生罗吉罡同学、北京大学国家发展研究院中国经济研究中心黄炜教授。

正如前面提到的,改革开放以来我国的教育扶贫取得了巨大成效,但同时值得注意的是,地区间和城乡间人力资本的差异依然显著。在这样的背景下,自2013年起,教育部、发展改革委、财政部等多部门共同实施教育扶贫工程。这一工程的实施范围是《中国农村扶贫开发纲要(2011—2020)》确定的

---

[①] 复旦大学经济学院副教授。

连片特困扶贫攻坚地区,由此,我们以教育扶贫工程为切入点,聚焦探讨政府精准教育扶贫项目对人力资本积累的促进作用。具体而言,我们在系统实证研究的基础上探讨以下核心问题:第一,政府教育扶贫工程对贫困地区人力资本发展的影响,换言之,探讨是否有微观层面的实证证据表明教育扶贫工程对人力资本积累产生了促进作用,其影响又有多大;第二,关于教育扶贫工程影响人力资本积累的作用机制,我们将从公共教育和家庭教育这两个维度进行探讨;第三,通过异质性分析,考察政策效应能否精准地倾向更加弱势的群体,这一扶贫工程中是否存在"精英俘获"的现象。希望相关研究结果能为教育扶贫工程成效评估提供更加全面、系统、严谨的证据,也为未来相关扶贫政策的配套提供一些思考。

这一研究的学术贡献主要集中在两个方面,一是为脱贫攻坚经济社会效应评估文献提供新的证据和补充,目前已经有非常多的文献关注和评估中国改革开放历程中的历次脱贫攻坚计划,包括国家八七扶贫攻坚计划、电商扶贫政策等。教育扶贫是脱贫攻坚的重要力量,也是精准扶贫计划的重要组成部分,对于脱贫攻坚、人力资本提升具有重要的意义。已有研究发现,收入脱贫可能是短期的,贫困户返贫现象是世界各国扶贫工作面临的共同难点。在这一背景下,我们的研究通过对教育扶贫政策下一系列人力资本指标的全面考察,对教育扶贫政策进行系统评估,希望为脱贫攻坚相关研究进行一些新的拓展。

从更加广义的角度出发,我们的研究也与人力资本决定性因素文献相关。当前不少文献从政策层面探究了可能影响人力资本形成和流动的因素,比如政府公共财政对教育资金的投入,地区间教育质量差异、出口扩张、高校招生规模等。本文的研究将从教育扶贫角度为有效提高人力资本积累,尤其是中西部农村地区的人力资本积累提供一些新的证据和启示。

关于教育扶贫计划的具体措施,大致可分为三类:第一类是扩大公共教育投资,比如改善义务教育基础薄弱的学校教学用房、学生宿舍,加强信息化基础设施建设等;第二类是加强师资力量投入,包括鼓励教师到片区从教,鼓励师范生到片区义务从教等;第三类是为家庭困难学生提供补助,包括农村义务教育学生营养改善计划、改善学生家庭生活条件等。本文最主要的数据来源是中国家庭追踪调查(CFPS)的少儿问卷和家庭问卷。本文关注的结果变量主要是少儿的认知能力、非认知能力和受教育情况指标。这里我们首先刻画代表性结果变量的变化趋势,如图1所示。

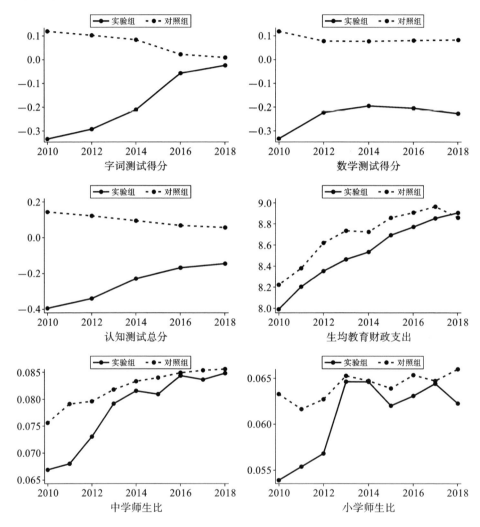

**图1　代表性结果变量的变化趋势**

不难发现,无论是个体认知能力还是区县教育水平,试点县都显著低于非试点县的,这一趋势也容易解释,因为实施教育扶贫政策的地区本身经济发展条件就比较落后,更为重要的,我们也发现这两组之间的差距随着时间明显缩小,呈现不断接近的趋势。接下来,我们进行实证回归探究和量化教育扶贫政策的影响。

表1报告了基准回归结果,表格中的Panel A、B、C分别代表认知能力、非认知能力和其他教育指标的回归结果。我们有以下发现:首先,教育扶贫政策显著提高了6—16岁儿童的认知能力,包括字词测试和数学测试得分,其中字词测试得分的表现更加显著;其次,教育扶贫政策也提高了儿童部分非认知能力,比如其努力程度、专注程度;最后,教育扶贫政策提高了儿童的受教育水平,受教育年限显著提高约0.22年。总的来说,基准回归结果证实了教育扶贫工程的显著成效。

表1 基准回归结果

|  | 控制个体固定效应 | | | 控制个体特征变量 | | |
| --- | --- | --- | --- | --- | --- | --- |
|  | 系数及标准误 | 观测值 | Within-$R^2$ | 系数及标准误 | 观测值 | $R^2$ |
|  | (1) | (2) | (3) | (4) | (5) | (6) |
| Panel A:认知能力 | | | | | | |
| 字词测试得分 | 0.2633**<br>(0.1241) | 5444 | 0.0887 | 0.1981**<br>(0.0878) | 5242 | 0.1418 |
| 数学测试得分 | 0.2007<br>(0.1603) | 4794 | 0.1410 | 0.2527**<br>(0.0976) | 4632 | 0.1502 |
| 认知测试总分 | 0.2824**<br>(0.1275) | 4769 | 0.1898 | 0.2345**<br>(0.0917) | 4607 | 0.1743 |
| Panel B:非认知能力 | | | | | | |
| 是否努力 | 0.1215***<br>(0.0297) | 10493 | 0.0668 | 0.0838***<br>(0.0288) | 8488 | 0.0714 |
| 是否专注 | 0.0329<br>(0.0284) | 10493 | 0.0119 | 0.0295<br>(0.0359) | 8488 | 0.0612 |
| 是否情绪稳定 | −0.0072<br>(0.0191) | 10444 | 0.0776 | 0.0111<br>(0.0176) | 8488 | 0.1267 |

续表

| | 控制个体固定效应 | | | 控制个体特征变量 | | |
|---|---|---|---|---|---|---|
| | 系数及标准误 | 观测值 | Within-$R^2$ | 系数及标准误 | 观测值 | $R^2$ |
| | (1) | (2) | (3) | (4) | (5) | (6) |
| Panel C:其他教育指标 | | | | | | |
| 受教育年限 | 0.2197*<br>(0.1184) | 10493 | 0.4874 | 0.0787<br>(0.1315) | 8488 | 0.3537 |
| 是否入学 | 0.0689***<br>(0.0232) | 10493 | 0.1756 | 0.0308<br>(0.0230) | 8488 | 0.1699 |

注:*** 代表 $p<0.01$,** 代表 $p<0.05$,* 代表 $p<0.10$。

接下来我们进行机制分析,从公共教育和家庭教育两个渠道探讨政策的作用机制,如表 2 所示。

在公共教育方面,政策有可能通过实物资本投资和人力资源投资来改善教育条件,例如,各级政府大规模新建校舍、更新教学设备、引进教师、改善师资力量等。在家庭教育方面,政策为困难家庭提供补助,从而降低困难家庭学生的入学成本,减轻其教育负担,激励家庭增加对下一代的教育投入。同时,政策在执行过程中通过对教育重要性的宣传普及,也可能改变家长落后的教育观念,增强家庭对教育的认知和重视。

表 2 机制分析

| | 教育财政支出 | 中学学校数量 | 小学学校数量 | 中学教师数量 | 小学教师数量 | 中学师生比 | 小学师生比 |
|---|---|---|---|---|---|---|---|
| | (1) | (2) | (3) | (4) | (5) | (6) | (7) |
| 政策 | 0.0821***<br>(0.0279) | 0.0320*<br>(0.0189) | 0.1410**<br>(0.0559) | 0.1242***<br>(0.0221) | 0.0971**<br>(0.0429) | 0.0075**<br>(0.0029) | 0.0060***<br>(0.0021) |
| 区县固定效应 | 控制 | 控制 | 控制 | 控制 | 控制 | 控制 | 控制 |
| 年份固定效应 | 控制 | 控制 | 控制 | 控制 | 控制 | 控制 | 控制 |
| 区县特征变量 | 控制 | 控制 | 控制 | 控制 | 控制 | 控制 | 控制 |
| 观测值 | 1413 | 1413 | 1413 | 1413 | 1413 | 1413 | 1413 |
| $R^2$ | 0.8855 | 0.7970 | 0.8491 | 0.8764 | 0.6732 | 0.7076 | 0.7295 |

Panel A:公共教育渠道

续表

| | Panel B:家庭教育渠道 | | | | | |
|---|---|---|---|---|---|---|
| | 家庭教育支出(对数) | 为教育存钱 | 期望教育年限 | 期望考试分数 | 关心孩子 | 亲子沟通 |
| | (1) | (2) | (3) | (4) | (5) | (6) |
| 政策 | 0.3494*** | 0.0636*** | 0.8540*** | 0.2663*** | 0.0059 | −0.0017 |
| | (0.1779) | (0.0226) | (0.2484) | (0.0708) | (0.0520) | (0.0549) |
| 个体固定效应 | 控制 | 控制 | 控制 | 控制 | 控制 | 控制 |
| 区县固定效应 | 控制 | 控制 | 控制 | 控制 | 控制 | 控制 |
| 年份固定效应 | 控制 | 控制 | 控制 | 控制 | 控制 | 控制 |
| 区县特征变量 | 控制 | 控制 | 控制 | 控制 | 控制 | 控制 |
| 观测值 | 9935 | 10384 | 8278 | 10469 | 10024 | 9691 |
| Within-$R^2$ | 0.1771 | 0.0157 | 0.0540 | 0.0726 | 0.0301 | 0.0202 |

注:*** 代表 $p<0.01$,** 代表 $p<0.05$,* 代表 $p<0.10$。

我们首先利用区县层面统计数据对公共教育渠道进行探究,从表 2 的"Panel A:公共教育渠道"的相关数据中不难发现,相关政策显著提高了公共教育实物投资,包括教育财政支出、中学学校数量和小学学校数量等。政策也显著增加了公共教育的人力资本投资,中学教师数量、小学教师数量和中小学师生比都有明显提升。

接下来,我们从家庭教育渠道进行探究。我们主要使用 CFPS 的相关变量,包括家庭教育支出、为教育存钱、期望教育年限等进行回归。表 2 的"Panel B:家庭教育渠道"相关数据显示,一方面,政策能有效地激励家庭对教育的投入,另一方面,政策也显著提升了父母对孩子的期望。但是,我们也发现这一政策似乎并未改变家庭的教育方式和观念,可能的原因是,政策为困难家庭带来的教育补助让家庭更有能力和意愿加大对下一代教育的物质投资,但由于贫困地区家庭家长文化不足,自身依然很难参与孩子的教育,无法提供精神层面的关怀和支持,所以政策在短期内也很难改善这一点。

总体来看,针对作用机制的研究表明,在公共教育层面,政策促进了公共教育领域的实物投资和人力资源投资,从而改善教学条件和教育效果;在家庭教育层面,政策激励家庭增加了对下一代的教育支出、提升了教育期望,但是家庭教育的观念和方式在短期内难以改变。

接下来是异质性分析结果,如表 3 所示。

表 3 异质性分析结果

|  | 户口类型 | | 性别 | | 区县类型 | | 家庭收入 | | 教育背景 | |
| --- | --- | --- | --- | --- | --- | --- | --- | --- | --- | --- |
|  | 农村 | 非农 | 男生 | 女生 | 国贫县 | 非国贫 | 高收入 | 低收入 | 高教育 | 低教育 |
|  | (1) | (2) | (3) | (4) | (5) | (6) | (7) | (8) | (9) | (10) |
| 政策 | 0.3367** | 0.0464 | 0.2508 | 0.3583** | 0.3949* | 0.1494 | 0.1215 | 0.2981* | −0.0144 | 0.3081*** |
|  | (0.1393) | (0.1793) | (0.1681) | (0.1474) | (0.2073) | (0.1654) | (0.2605) | (0.1558) | (0.2110) | (0.1259) |
| 个体固定效应 | 控制 | 控制 | 控制 | 控制 | 控制 | 控制 | 控制 | 控制 | 控制 | 控制 |
| 区县固定效应 | 控制 | 控制 | 控制 | 控制 | 控制 | 控制 | 控制 | 控制 | 控制 | 控制 |
| 年份固定效应 | 控制 | 控制 | 控制 | 控制 | 控制 | 控制 | 控制 | 控制 | 控制 | 控制 |
| 区县特征变量 | 控制 | 控制 | 控制 | 控制 | 控制 | 控制 | 控制 | 控制 | 控制 | 控制 |
| 观测值 | 3835 | 910 | 2495 | 2274 | 1517 | 3252 | 1974 | 2795 | 418 | 4163 |
| Within-$R^2$ | 0.1786 | 0.2618 | 0.1836 | 0.2268 | 0.2315 | 0.1713 | 0.2373 | 0.1931 | 0.3374 | 0.1853 |

注:本表展示了不同分组下政策的异质性效应。回归的结果变量为个体的认知测试总分。所有回归均控制了个体固定效应、区县固定效应、区县特征变量、年份固定效应、贫困县指示变量与年度指示变量的交互项。括号内为区县层面的聚类标准误。*、**、*** 分别表示在 10%、5%、1% 的水平上显著。个体层面的数据来自 CFPS 儿童类数据库。区县层面的数据来自中经网数据库以及各区县统计年鉴。

进行异质性分析主要是希望考察这一教育扶贫政策是否切实帮助了弱势群体。这一检验的初衷来源于扶贫文献中非常普遍的"精英俘获"现象。不少文献发现,在扶贫过程中,由于"精英俘获"现象的存在,扶贫并未落实到真正需要帮助的家庭。那么,在中国的教育扶贫过程中,最贫困的家庭是否真正受益于这一政策呢?中国背景下的教育扶贫工程是否也存在"精英俘获"现象呢？表3显示的异质性分析结果，包括户口类型、性别、区县类型、家庭收入和教育背景等。回归结果表明，政策效应具有明显的异质性，政策对农村人群、女生、国家级贫困县、低收入家庭、低教育背景家庭产生的作用更为明显，这些人群更容易得到帮助。贫困群体和弱势群体系数的大小和显著性明显高于其他群体，这意味着我国教育扶贫工程的作用对这些群体有明显的倾向性，这也是政策的初衷所在。换而言之，中国的教育扶贫有效地避免了扶贫过程中常见的"精英俘获"现象，实现了精准扶贫的预期，切实促进了弱势群体教育和人力资本积累的提升。

接下来是一个简单的总结，我们的这一研究关注2013开始实施的教育扶贫工程，关注这一教育扶贫政策对儿童认知能力、非认知能力和其他教育指标的影响，主要有三点结论：第一，政策显著提高贫困地区儿童认知能力和部分非认知能力，对于受教育年限等也有一定的提升作用；第二，政策作用机制主要体现在公共教育方面和家庭教育方面，但在家庭教育方面家庭教育的观念和方式短期内并没有改变，这也意味着政策应该更加注重长期性，加强对家庭教育观念的培养，从根本上帮助家庭认识长期教育的重要性，从而为教育扶贫建立长效观念保障；第三，政策效应具有明显的异质性，政策对于贫困群体和弱势群体有明显倾向性，符合精准扶贫预期，切实促进弱势群体教育和人力资本积累，有效避免了"精英俘获"现象的发生。

以上是这一研究的主要内容。在未来的研究中，我们团队将继续关注教育扶贫与人力资本积累问题，希望通过对经济社会发展历程中重要问题与事实的调研、对重要政策的梳理与评估、对相关机制的挖掘，产出一系列具有系统性和创新性的实证研究，也希望在此基础上，为人力资本积累、扶贫的相关问题学术文献做出边际拓展，为经济发展新阶段人力资本的积累提供政策启示。我们也希望在大量实证研究的基础上，通过总结经验与逻辑，进一步做出一些理论性贡献。

谢谢各位老师，欢迎大家指正！

整理：岳铭慧　校对：黄嘉瑜

## 十三
## 理论结合实际,在世界学术舞台讲好中国故事

翁翕[①]

尊敬的各位嘉宾,我今天的报告题目是《理论结合实际,在世界学术舞台讲好中国故事》。之所以选择这个题目是因为我注意到,近些年在世界顶级学术期刊上发表关于中国经济方面的研究变得越来越困难,相信在座很多同行也有类似的体会。中国改革开放40多年来,虽然我们在经济发展上取得了举世瞩目的成绩,但经济学研究的国际影响力有待提升。在学术命题方面,我们现在很多研究还是对现有的经济学理论提供来自中国的经验支撑,也就是对现有理论给出一个注脚。正因为如此,我们还没有一个被国际广泛接受的有中国特色的学术思想,更别提拥有学术话语权了。这种学术话语权的缺失导致我们在世界学术舞台上讲好中国故事面临巨大挑战,所以当中国经济研究的论文投稿于国际主流学术期刊时,往往会被编辑或评审员质疑缺乏所谓的"外部有效性",这也是一般受众对来自中国的特刊感兴趣的原因。以中国经济大国的地位,这样的质疑很没有道理,但这也往往是我们被拒稿的很重要的原因。

我自己对中国经济研究进行了SWOT分析,认为今天中国经济研究最大的优势在于经济腾飞带来的一些很有趣的经济现象,这些现象形成了研究的富矿。但是我们在国际学术舞台的话语权还不够,屡屡被质疑研究缺乏"外部有效性"。我们现在有一批透彻了解中国建设问题的资深教授和熟练掌握经济学主流研究范式的年轻老师,但是因为疫情,我们缺乏与国际学术界的交流,导致论文发表愈加困难。

---

① 北京大学光华管理学院教授。

基于SWOT分析结合我自己的研究体会,我们通过理论结合实际的方式,完全可以在世界学术舞台讲好中国故事。所谓的"理论结合实际"是这样一个研究的过程:首先,基于实际数据发现典型特征事实;其次,构建理论模型、解释典型特征事实,其中构建理论模型不仅是继承现有模型,更是体现了一种创新。很多理论模型都可以解释同一典型特征事实。所以接下来我们还要检验理论模型的推论是否跟实际数据相吻合。在实施层面,我们以团队研究的方式进行有组织的科研:资深教授、年轻教师和博士生各司其职,开展有效合作,具体说来,资深教授发现有意思的问题并把控论文整体方向,年轻教师负责构建理论模型和研究框架,博士生负责具体研究方案的实施。这就把刚才讲的机遇很好地运用起来了。

下面我用两篇我的合作论文来举例说明理论结合实际的过程,第一篇论文发表在产业经济学顶级期刊 *Rand Journal of Economics*(《兰德经济学杂志》)。论文的合作者周黎安是北京大学光华管理学院的资深教授,Ginger Jin 是美国马里兰大学帕克分校的教授,另一位合作者在论文写作过程中是光华管理学院的博士生。这篇文章的背景是产业领域经典的寡头竞争现象。不论我们采用古诺竞争还是伯特兰竞争模型,都会发现在垄断的市场中,进入者一定会对在位的垄断企业产生负向影响,包括价格下降、产能下降以及利润下降等。我们研究中国的共享单车市场,特别是在2015—2017年这段时间,市场中最主要的两个寡头竞争者就是摩拜和ofo。这两个企业一共占有将近90%的市场份额。这里我们有一个很有意思的发现:摩拜的进入对在位的垄断企业ofo产生了正向影响,促使ofo总的单车使用量提升了40.8%,且ofo每单平均价格提高了4分钱,同时在摩拜进驻的城市中,ofo也会有更多的单车投入和更高的单车使用率。我们在传统寡头价格和产量竞争模型中加入网络效应来解释上述现象,如图1所示。

这个模型最基本的想法是,对于一个用户而言,当他完成行程"最后一公里"时,可以选择单车,也可以选择其他交通方式,比如步行、公共交通、打车等。相比于其他交通方式,单车的一个显著特点是具有不确定性,即找到一辆单车然后完成"最后一公里"的概率是不确定的。搜寻到单车的概率,我们用匹配函数刻画。在这个匹配函数里,投入单车的数量以及搜寻单车的消费者的数量,共同决定了搜寻到单车的概率。比如,投入100辆单车,市场上有

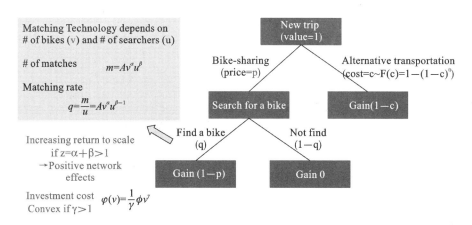

图 1　建立模型

100个消费者,这时候可能有50个消费者找到车,也就是说,每个消费者找到车的概率是50%。我们用一个规模报酬递增的匹配函数刻画网络效应:当这个市场有100辆单车、100个消费者的时候,搜寻概率只有50%;当市场有200辆单车、200个消费者时,概率会从50%提升到60%,这就体现了市场规模的扩大对消费者产生的正向影响。网络效应意味着,当这个市场有越来越多的单车投入时,一定会吸引更多的消费者来使用单车。

我们的理论发现,当 $\alpha$、$\beta$ 也就是网络效应足够大时,进入者确实有可能对在位的垄断企业产生正向影响。这个基本逻辑在于摩拜的进入对 ofo 产生两方面影响:一方面,摩拜的进入会"偷"走一部分 ofo 已有消费者,即市场盗窃效应,这确实会对 ofo 产生负向影响;另一方面,摩拜也会产生市场扩张效应。市场扩张效应与网络效应是密切相关的:当这个市场只有 ofo 一家投资单车时,只能投资100辆单车,吸引100个消费者,每个消费者找到单车的概率是50%;而当摩拜也进入这个市场,投入100辆单车时,将会使 ofo 消费者搜寻到单车的概率从50%增加到60%。这就会改变消费者的消费习惯,也会吸引更多消费者来使用单车。而更多消费者使用单车,也会激励 ofo 投入更多的单车。当 $\alpha$、$\beta$ 足够大,使市场扩张效应优于市场盗窃效应时,我们就能看到刚才所说的现象。这个模型的推论基础是摩拜的这种效果产生于摩拜和 ofo 单车混合使用。恰好 ofo 有一段时间在做校园骑行,它的单车只在校园内投放,这个时候摩拜对 ofo 的影响就应该不存在。我们的实证结果也支持了这个理论推论:摩拜在 ofo 的校园骑行期产生不显著的影响,只有 ofo 在整个城市运营的时候,摩拜才对其产生正向影响。当然,你依然可以质疑这样一个研究是来自中国特殊的共享单车市场的证据,缺乏"外部有效性"。但是我们采用一个带有网络效应的寡头竞争模型来解释这个现象,所以理论上它具有创新性。而且这个理论创新对于平台经济反垄断有一个很重要的启示:传统上,大家认为网络效应导致了所谓的"赢者通吃",但是我们发现当有获客成本时(比如 ofo 投资单车来吸引消费者就是一种获客成本),网络效应不一定会导致"赢者通吃"。

我的第二篇研究也是与北京大学光华管理学院周黎安教授合作完成的。另外两位合作者当时都是北京大学光华管理学院的学生。这篇研究的背景是我国地方治理过程中广泛存在的"层层加码"现象,这在新冠疫情的防控中也是一个被广泛探讨的话题。我们的研究是基于五年计划和年度计划经济增长目标来看"层层加码"现象,是比较早的发现在 GDP 的增长目标制定过程中存在"层层加码"现象,并且用理论模型来解释该现象的论文。

首先从五年计划目标来看,1992 年邓小平南方谈话之后,中央把"八五"期间的经济增长目标从 6% 提高到了 8.5%,同时 90% 的省份定的目标都大于或者等于中央目标。自此以后,基本上每个五年目标中,省级的增长目标都是大于或者等于中央目标的。同样来看年度增长目标,从 1997 年一直到 2015 年中国经济进入新常态,很长一段时间省级年度增长目标也都是高于中央目标的,在市级目标里面基本上也出现了"层层加码"现象:大部分市级目标都是大于或者等于省级年度增长目标的。

为了解释这种现象,我们需要对理论进行创新。因为在传统的锦标赛理论中,从来没有讨论目标在锦标赛中所起的作用。我们首先引入一个带有目标的锦标赛模型来解释上述现象。我们认为目标在锦标赛中其实起到了一种偏好传递的作用。中央领导人可能有的时候会特别重视经济增长,有时候又认为经济增长没有那么重要。通过设定不同的目标,实际上其能够向下级传递经济增长有多重要这一重要信息。比如 1997—1998 年亚洲金融危机时,中央设定的经济增长目标是 8%,也就是所谓的"保八",而省级领导人看到中央目标以后,也要相应制定其目标,把偏好向下一级官员进行传递。

基于这个想法，我们使用了 Tullock 形式的锦标赛模型。传统的 Tullock 模型，竞争往往是基于实际的经济表现，也就是说，每个官员的晋升概率是实际业绩除以同级官员的业绩总和。我们的创新在于，在这个模型里面加上了目标，所以在我们的模型里，官员竞争的不是实际表现，而是实际表现与他所面临的与上级目标之间的差异。因此目标扮演了一个参照点的作用：上级目标制定得越高，一个官员的实际 GDP 增长率就提高一个点，可以增加晋升概率。这就凸显了目标的偏好传递作用，即目标定得越高，官员表现越好，其晋升概率就越大。基于这个模型，我们发现"层层加码"现象产生的一个主要原因就是权力的金字塔式结构，即层级越高，升迁越困难。升迁困难程度的一个代理变量就是同级竞争官员的数量。比如中国省级行政区（除去港澳台）是 31 个，每一个省平均有 10 个市，而每一个市平均下属 8 个县。所以越往上竞争者数量越多，晋升概率越低，导致往上目标相对定得低，而往下目标会定得高一点，以便更好地激励下级官员努力。这个模型的一个推论是省级目标和省里的地级市数目呈反比，该推论也被实证所证实。

习近平总书记在 2016 年哲学社会科学工作座谈会讲话中指出，哲学社会科学包括经济学，哲学社会科学在学术命题、学术思想、学术观点、学术标准、学术话语上的能力和水平同我国综合国力和国际地位还不太相称。为了回应习近平总书记的期待，我认为一定要坚持用经济学主流研究范式来做扎根于中国大地的世界一流学问，用理论结合实际的方式、用团队研究的组织方法，在世界学术舞台讲好中国故事。

最后，我借此机会感谢张培刚发展经济学青年学者奖评选委员会对我学术成果的认可，我的报告到此结束，非常感谢！

整理：张宇棋　　校对：岳铭慧

## 十四
## 医疗保险中的道德风险

张川川[①]

各位老师、同学,大家好,我跟大家分享一下我们针对医疗保险中的道德风险所做的研究。

道德风险在整个医疗保险文献中一直是核心议题。1963 年 Kenneth Arrow 在 *American Economic Review* 发表其文章后,人们知道了医疗保险在提供医疗保障的同时,因为扭曲了相对价格,会导致参保人对医疗服务的过度使用,从而产生福利损失的问题。但是这一道德风险问题在提出后很长一段时间内遭到了人们的质疑。一种观点认为,医疗服务和一般商品服务不同,人们之所以吃药、做手术,是因为身体不健康,如果健康状况良好,即使药品是免费的,也不会去吃。也就是说,人们对医疗服务的需求只是取决于健康需要,而不是出于经济因素的考虑。根据这样一种观点,医疗服务利用和医疗支出对医疗服务价格的变动应该不会做出反应。为了验证医疗保险中到底是不是存在道德风险问题、是不是造成了福利损失,研究人员致力于估计医疗服务需求价格弹性。但是要准确估计医疗服务需求价格弹性非常困难,因为一个人有没有参加保险、保障力度的大小,跟他的社会经济状况和健康状况密切相关,从而使得经验估计面临内生性问题和自选择问题。为了准确地估计医疗服务需求价格弹性,美国在 20 世纪 70 年代开展了一项大型随机控制实验,也就是兰德医疗保险实验(Rand Health Insurance Experiment),这个实验随机为 5000 多个实验对象分配不同保障力度的医疗保险项目,跟踪他们很多年,观察他们的医疗服务利用和医疗支出的行为。针对兰德医疗

---

① 浙江大学经济学院研究员。

保险实验的研究得出一个结论：医疗服务需求价格弹性大约是 0.2%。另外一项随机控制实验是 2008 年美国俄勒冈州开展的俄勒冈医疗保险实验（Oregon Health Insurance Experiment），这项实验不同于兰德医疗保险实验，它只是针对低收入家庭进行研究，而且研究的初衷也不是检验道德风险的问题。除了这两项大型随机控制实验以外，还有一些研究是基于政策冲击的，像美国加州公务员的门诊药品支出政策改革，还有日本针对 70 岁以上老年人的医疗保险优待。针对这些政策改革和使用自然实验方法所做的分析，发现医疗服务需求价格弹性为 0.1%～0.2%，验证了医疗保险中确实存在道德风险的问题。

但是在 1999 年，Nyman 在一篇发表于 *Journal of Health Economics* 的文章中提出，以前文献基于医疗服务需求价格弹性评估医疗保险中的道德风险问题，会高估医疗保险的福利损失，因为所估计的需求价格弹性包含收入效应，而这些研究都没有把收入效应同相对价格扭曲产生的效应，也就是替代效应分离开来。在 2008 年发表于 *Journal of Power Electronics* 的一篇文章里，Raj Chetty 在分析失业保险中的道德风险问题时，特别强调将替代效应和收入效应分离，认为失业保险不仅会扭曲相对价格，还会改变人们的可支配收入，从而产生福利改进的效应。这一点在消费者理论中的体现已广为人知，即一种商品价格的下降所带来的消费增加里面包含收入效应和替代效应，其中只有替代效应是由相对价格变化引起的。回到医疗保险，我们要准确地量化医疗保险的福利效应，就必须同时估计医疗服务需求价格变动的收入效应，并把收入效应从整个医疗服务需求变动里分离出来。但是从文献来看，针对收入效应的估计非常少，因为收入的外生性很难满足，我们很难找到外生性的收入冲击。另外，只有针对同一个群体，同时估计医疗服务需求收入弹性和价格弹性，我们才能够把收入效应和替代效应分离开来，目前的文献还没有这方面的研究。我们的研究基于中国某城市的医疗行政机构数据，利用这个城市发生的医疗保险政策改革和养老金政策改革，同时估计了医疗服务需求价格弹性和收入弹性，然后把收入效应从整个价格效应里面分离出来，从而使我们能够准确地量化医疗保险的福利效应，这是我们的研究所做的工作。

为了完成这项工作，我们利用了两项自然实验，其中一项是医疗保险政策改革,它使得个人自付的医疗费用比例从20%降到10%;另一项是养老金政策改革,它使得退休职工的养老金收入每年增长5%到12%。医疗保险政策改革发生在2011年,2011年1月1日起,这个城市针对80岁以上老年人提供优待,使得他们原来自付的医疗费用的比例从20%一下子降到0,也就是完全免费医疗,相当于个人面临的医疗服务价格下降了50%。养老金政策改革是从2004年开始每年上调一次退休职工的养老金,退休职工养老金的上调幅度平均为8.3%左右。由于平均而言城镇职工养老金收入占退休职工整体可支配收入的比例高达93%,我们能够利用养老金的调整来估计收入效应。虽然养老金支付水平的调整每年发生,人们可能会预见调整每年都会发生,但是具体在哪一个月份发生是不确定的。所以我们可以利用养老金发放月份的不确定性,使用事件分析方法进行研究。在方法上,由于医疗保险待遇是在80岁开始调整,所以我们利用80岁这个断点做断点回归,估计医疗服务需求价格弹性。对于医疗支出收入效应的估计,我们利用养老金政策改革时间的不确定性做了事件分析。我们使用的数据是这个城市75~85岁的人口,主要是因为医疗保险的政策是针对80岁人群,最后样本包含了13.2万城镇职工医疗保险的参保人口,他们同时也是城镇职工养老保险的参保人口。最后分析的样本在月度水平上是有300万观测值。我们的研究发现,医疗服务总的支出价格弹性是0.32%,如果我们把它区分为医疗服务利用的 extensive margin(广延边际)和 intensive margin(集约边际),也就是针对是不是去看病以及去看病之后在医院住多少天,呈现的支出变动。我们看到 extensive margin 和 intensive margin 的价格弹性各为0.16%,这个需求价格弹性和兰德实验估计的0.2%的弹性是基本可比的。在收入效应方面,我们估计收入弹性是1.3%~2.0%,也就是如果一个人的收入增加1%,他的医疗服务需求会增加1.3%~2.0%,具体取决于我们关心的是 extensive margin 还是 intensive margin。我们同时针对同一个群体估计了医疗服务支需求价格弹性和收入弹性,我们把医疗服务需求的增加进一步分离为两种效应:一种是由相对价格变化带来的,另一种是由可支配收入变化带来的。这个分解是基于非常简单的斯勒茨基方程,我们把它写成一个弹性的形式,也就是把马歇尔需求价格弹性表示成希克斯需求价格弹性,再加上由收入效应决定的部分。我们的分解结果显示,在由医疗服务价格下降所引起的整个医疗支出的增加里面,40%～60%是由收入效应引起的。如果把样本进一步按照收入进行分组,我们发现对于低收入组,收入效应所占的份额更高,也就是说,医疗保险所带来的价格扭曲在高收入群体中是更加严重的。除此之外,我们做了很多异质性分析,比如把样本分成男性和女性、高收入组和低收入组,再如按照医院等级和疾病类型进行分组估计。这些分组估计使得研究结论有了更加丰富的政策含义。

虽然传统文献认为道德风险对应的医疗服务增加主要是一种低价值医疗,是对医疗资源的浪费,它并不会改善人们的健康,但是 2015 年在 The Quarterly Journal of Economics 上发表的一篇文章中,作者提出人们过度使用医疗服务还是对医疗服务的使用不足,除了受经济激励的影响之外,还有一个很重要的因素——人会犯错误。人会犯错误意味着如果我们没有保险的保障,我们可能会错误地对某些高价值的医疗服务使用不足,这个时候如果有了医疗保险或者医疗保险的待遇水平上升,我们会增加医疗服务利用,所增加的部分里面会有一部分是高价值的医疗服务。这篇文章把人们在医疗服务利用方面存在的犯错误的可能称为行为风险,并指出,我们可以通过检验医疗保险所带来的医疗服务支出增加是不是显著地改善了健康状况来甄别是否存在行为风险,即检验是否存在由决策错误引起的医疗服务需求的变化。受此研究的启发,我们估计了医疗保险待遇提高所引起的医疗服务需求增加对一个综合健康指标,即死亡风险的影响。我们没有发现医疗需求增加带来死亡风险的下降,这样的结果支持了传统的道德风险理论,没有支持行为风险理论。我们的分组估计也没有发现医疗需求增加对于任何子群体的死亡风险有显著影响。最后,我们知道医疗保险在最初设计的时候有一个很重要的目的,即降低家庭的医疗经济负担,使得家庭财务风险有显著的下降。为了检验医疗保险是不是起到了显著的风险保障作用,我们估计了医疗保险保障力度的提升对个人自付医疗费用的影响,发现在提高医疗保险保障力度之后,个人自付的费用显著下降,其中收入较低的群体下降的幅度更大。我们按照患者的医疗费用支出的多少进行了分组,发现医疗保险对医疗负担较重的群体所起到的减负作用更大。综合来看,我们认为医疗保险确实起到了降低家庭财务风险的作用。

总结来看,我们的研究发现,在中国城镇职工医疗保险中确实存在非常显著的道德风险,但是如果我们不注意对收入效应的估计,如果不把由收入效应引起的医疗支出增加的效应剥离出来,会严重高估医疗保险的福利损失。同时,医疗保险所带来的支出增加并没有显著降低死亡风险,我们的结论支持了传统道德风险的理论,没有支持行为风险的理论。

以上是我今天跟大家分享的全部内容,谢谢大家!

整理:陈见博　校对:张宇棋

第六部分
媒体报道

## 参与颁奖典礼、论坛的主要新闻媒体单位

新浪网　　　　　　　　湖北电视台
腾讯网　　　　　　　　武汉电视台
新华社　　　　　　　　《中国青年报》
第一财经　　　　　　　《湖北日报》
人民网　　　　　　　　《楚天都市报》
央广网　　　　　　　　《长江日报》
中国新闻网　　　　　　《经济日报》
中国经济新闻网　　　　长江云
中国日报网　　　　　　华科男
网易新闻

（注：排名不分先后）

## 二 关于颁奖典礼、论坛校外媒体报道的汇总

| 刊发媒体 | 标 题 | 时 间 |
|---|---|---|
| 湖北日报客户端 | 刚刚,经济学两大重量级奖项在汉揭晓 6 篇论著、3 名青年学者获殊荣<br>http://news.hubeidaily.net/hubeidailyshare/#/news_detail?contentType＝5&contentId＝1103688&cId＝0&tencentShare＝1 | 2022.10.8 |
| 人民网 | 第九届张培刚发展经济学优秀成果奖揭晓<br>http://hb.people.com.cn/n2/2022/1008/c194063-40152219.html | 2022.10.8 |
| 新华社 | 欧阳峣等学者获第九届张培刚发展经济学优秀成果奖<br>http://m.news.cn/2022-10/08/c_1129055084.htm | 2022.10.8 |
| 学习强国 | 重量级经济学奖项在华中大揭晓 6 篇论著 3 位青年学者获殊荣<br>https://article.xuexi.cn/articles/index.html?art_id＝11493599906019227877&item_id＝11493599906019227877&cdn＝https％3A％2F％2Fregion-hubei-resource&study_style_id＝feeds_opaque&pid＝&ptype＝-1&source＝share&share_to＝wx_single | 2022.10.10 |
| 中国经济新闻网 | 第九届张培刚发展经济学奖揭晓<br>https://www.cet.com.cn/dfpd/jzz/hubei/hubei/3252390.shtml | 2022.10.8 |

续表

| 刊发媒体 | 标题 | 时间 |
| --- | --- | --- |
| 中国日报网 | 第九届张培刚发展经济学优秀成果奖正式揭晓<br>https://hb.chinadaily.com.cn/a/202210/08/WS6340bfd0a310817f312f1252.html | 2022.10.8 |
| 中国新闻网 | 6篇论著、3名青年学者获"张培刚奖"<br>https://m.chinanews.com/wap/detail/chs/zw/228214.shtml | 2022.10.8 |
| 极目新闻 | 经济学两项重要级奖项在华中大揭晓,90后青年学者成迄今该奖项最年轻获奖者<br>https://wap.peopleapp.com/article/rmh31641490/rmh31641490 | 2022.10.7 |
| 第一财经 | 经济学家:六省市进入创新驱动发展阶段<br>https://m.yicai.com/news/101555090.html | 2022.10.7 |
| 长江云 | 第九届张培刚经济学研究优秀成果奖在汉揭晓<br>http://m.hbtv.com.cn/p/2289895.html | 2022.10.8 |
| 湖北经济新闻网 | 喻家山再迎经济学盛会\|第九届张培刚发展经济学优秀成果奖正式揭晓<br>https://www.toutiao.com/article/7151682965469250084/?upstream_biz=toutiao_pc&wxshare_count=2&source=m_redirect&wid=1665650050268 | 2022.10.7 |
| 华科男 | 刚刚,经济学两大重量级奖项在华科大揭晓!<br>https://mp.weixin.qq.com/s/yYtVBr5dQC4fc77FR5kbEA | 2022.10.7 |
| 今日湖北 | 刚刚,经济学两大重量级奖项在汉揭晓 6篇论著、3名青年学者获殊荣<br>http://www.hubeitoday.com.cn/wap/post/527/153991 | 2022.10.7 |
| 经济日报客户端 | 第九届张培刚发展经济学优秀成果奖揭晓<br>https://proapi.jingjiribao.cn/detail.html?id=423593 | 2022.10.7 |

续表

| 刊发媒体 | 标题 | 时间 |
| --- | --- | --- |
| 南风窗 | 复旦"90后"副教授获经济学重量级奖项<br>https://mp.weixin.qq.com/s/TQBQjOodZcMwUkOrooSTPQ | 2022.10.9 |
| 澎湃新闻 | 复旦"90后"副教授获经济学重量级奖项<br>https://mp.weixin.qq.com/s/oElYpjUpQUb5QGZf4QHleA | 2022.10.9 |
| 掌上武汉 | 经济学两大重量级奖项在汉揭晓<br>http://www.appwuhan.com/folder1/folder268/2022-10-08/470513.html?_hgOutLink=vod/newsDetail&id=470513 | 2022.10.7 |
| 武汉广播电视新闻网 | 喻家山再迎经济学盛会　第九届张培刚发展经济学优秀成果奖正式揭晓<br>http://www.appwuhan.com/folder1/folder8/2022-10-07/470407.html?_hgOutLink=news/newsDetail&id=470407 | 2022.10.7 |
| 新华网 | 华科大再迎经济学盛会　第九届张培刚发展经济学优秀成果奖正式揭晓<br>http://m.news.cn/hb/2022-10/07/c_1128903891.htm | 2022.10.7 |
| 新浪网 | 喻家山再迎经济学盛会　第九届张培刚发展经济学优秀成果奖正式揭晓<br>https://hb.sina.cn/syzx/2022-10-07/detail-imqqsmrp1739835.d.html?sinawapsharesource=newsapp&wm=3200_0001 | 2022.10.7 |
| 长江日报客户端 | 经济学两大重量级奖项在汉揭晓,6篇论著、3名青年学者获殊荣<br>http://www.app.dawuhanapp.com/p/14500850.html | 2022.10.7 |

续表

| 刊发媒体 | 标　　题 | 时　　间 |
|---|---|---|
| 长江网 | 重量级经济学奖项在华中大揭晓 6 篇论著 3 位青年学者获殊荣<br>http://h5.jp.cjn.cn/#/h5/news?informationId=1951665&type=ios&sourceType=0&isDetail=0 | 2022.10.7 |
| 长江云 | 经济学两大重量级奖项在汉揭晓<br>http://m.hbtv.com.cn/p/2289243.html | 2022.10.7 |
| 中国青年报客户端 | 第五届"张培刚发展经济学青年学者奖"揭晓<br>https://s.cyol.com/articles/2022-10-07/content_k6y7KOFG.html?gid=Z7rojG1y | 2022.10.7 |
| 中华网 | 喻家山再迎经济学盛会　第九届张培刚发展经济学优秀成果奖正式揭晓<br>https://3g.hubei.china.com/caijing/2022/1007/299967810.shtml | 2022.10.7 |
| 新浪网 | 华中大第九届张培刚发展经济学优秀成果奖揭晓<br>https://hb.sina.cn/syzx/2022-10-04/detail-imqqsmrp1500885.d.html?sinawapsharesource=newsapp&wm=3200_0001 | 2022.10.4 |
| 华科男 | 10 月 7 日，华科大经济学院学术盛宴，喻家山喜迎双庆！<br>https://mp.weixin.qq.com/s/QiOYNuJgHKpL9UrkzT8sTw | 2022.10.1 |
| 中国高校人文社会科学信息网 | 华中科技大学经济学科创建 40 周年庆典暨第四届张培刚发展经济学青年学者奖颁奖典礼举办<br>https://www.sinoss.net/c/2021-11-16/567534.shtml | 2021.11.16 |
| 长江网 | 第四届张培刚发展经济学青年学者奖揭晓<br>https://wap.peopleapp.com/article/rmh24564174/rmh24564174 | 2021.11.6 |

续表

| 刊发媒体 | 标题 | 时间 |
| --- | --- | --- |
| 经济日报客户端 | 第四届张培刚发展经济学青年学者奖颁奖<br>https://proapi.jingjiribao.cn/detail.html?id=374674&user_id=122227&source=wechat_friend | 2021.11.7 |
| 中国新闻网 | 第四届张培刚发展经济学青年学者奖在武汉揭晓<br>https://www.chinanews.com.cn/sh/2021/11-06/9603527.shtml | 2021.11.6 |
| 中华网 | 华中大再颁"张培刚发展经济学青年学者奖"大咖校友云端"返校"为经济学科创建40周年"庆生"<br>https://3g.hubei.china.com/jiaoyu/2021/1106/299950719.shtml | 2021.11.6 |
| 长江云 | 华中科技大学颁发第四届张培刚发展经济学青年学者奖<br>http://m.hbtv.com.cn/p/2076044.html | 2021.11.6 |
| 极目新闻 | 贺华中大经济学科创建40周年,数十名经济学家齐聚武汉话发展<br>http://jmwap.ctdsb.net/jimushare/news/detail_index.html?contentType=5&contentId=1315716&cId=0 | 2021.11.6 |
| 中国青年报客户端 | "青年治学要做到'六有'"第四届"张培刚发展经济学青年学者奖"揭晓<br>https://s.cyol.com/articles/2021-11-06/content_1Rdw28iL.html | 2021.11.6 |
| 长江网 | 华中大经济学科创建40周年庆典,第四届张培刚发展经济学青年学者奖揭晓<br>http://h5.jp.cjn.cn/#/h5/news?informationId=417064&type=ios&sourceType=0&isDetail=0 | 2021.11.6 |
| 长江日报客户端 | 这项重要经济学奖在武汉揭晓,三位青年学者获奖<br>http://m.app.dawuhanapp.com/p/862757.html | 2021.11.6 |

续表

| 刊发媒体 | 标题 | 时间 |
|---|---|---|
| 中国日报网 | 华中大经济学科创建40周年 大咖校友云返校送祝福<br>https://hb.chinadaily.com.cn/a/202111/06/WS61865238a3107be4979f6f09.html | 2021.11.6 |
| 湖北日报<br>客户端 | 华中大为经济学科创建40周年"庆生",三位80后学者获"张培刚发展经济学青年学者奖"<br>http://hbrbshare.hubeidaily.net/hbshare/news/detail_index.html?contentType=5&contentId=870377&cId=0 | 2021.11.6 |
| 新华网 | 华中科技大学经济学科创建40周年庆典将于11月6日举行<br>https://my-h5news.app.xinhuanet.com/h5/article.html?articleId=56b5be335d8bcfb868f618a74541306f&share_device_token=9b62b6cca99a73703b51e69e019c0015&share_time=1636023053635&share_type=1 | 2021.11.4 |
| 华科男 | 东湖之滨论发展 喻家山下迎双庆<br>https://mp.weixin.qq.com/s/S92K4bffK4SvyOq-ti4ZdQ | 2021.11.3 |